9,62

ACCESO GRATIS *a la Lectura en la Nube*

AF212040

Para visualizar el libro electrónico en la nube de lectura envíe junto a su nombre y apellidos una fotografía del código de barras situado en la contraportada del libro y otra del ticket de compra a la dirección:

ebooktirant@tirant.com

En un máximo de 72 horas laborales le enviaremos el código de acceso con sus instrucciones.

La visualización del libro en **NUBE DE LECTURA** excluye los usos bibliotecarios y públicos que puedan poner el archivo electrónico a disposición de una comunidad de lectores. Se permite tan solo un uso individual y privado

© TIRANT LO BLANCH
EDITA: TIRANT LO BLANCH
C/ Artes Gráficas, 14 - 46010 - VALENCIA
TELFS.: 96/361 00 48 - 50
Fax: 96/369 41 51
Email: tlb@tirant.com
www.tirant.com
Librería Virtual: www.tirant.es
DEPOSITO LEGAL: V-3535-2025
ISBN: 979-13-7010-732-1
MAQUETA E IMPRIME: Tink Factoría de Color , S.L.

Si tiene alguna queja o sugerencia, envíenos un mail a: atencioncliente@tirant.com.
En caso de no ser atendida su sugerencia, por favor, lea nuestro procedimiento de quejas en:
www.tirant.net/index.php/empresa/politicas-de-empresa

Responsabilidad Social Corporativa
http://www.tirant.net/Docs/RSCTirant.pdf

KIT DE SUPERVIVENCIA NORMAS APA - 7ª EDICIÓN

KIT DE SUPERVIVÈNCIA NORMES APA - 7a EDICIÓ

Isabel Royo-Ruiz (Coord.)
Tania Ruiz-Gil
Eva Gallén-Granell
María José Barbé-Villarrubia
Amparo Elvira Marí-Poveda
Universitat de València, Facultat de Ciències Socials,
Departament de Treball Social i Serveis Socials

VERSIÓN EN CASTELLANO

Tabla de Contenido[1]

---

[1] También podemos utilizar la voz índice.

PARTE I

Principios Básicos de las Normas APA

Introducción

Por qué Utilizar las Normas APA

En el ámbito académico y científico, los resultados de investigación no solo se producen para resolver preguntas específicas, sino también para ser compartidos con la comunidad científica. Este proceso de transferencia de conocimiento permite que los hallazgos y análisis, tanto de éxitos como de fracasos, se conviertan en puntos de partida para futuras investigaciones. La literatura científica, por tanto, se enriquece continuamente con diversas perspectivas y análisis, permitiendo un diálogo constante entre investigadoras y comunidades académicas.

El uso de la literatura científica en los trabajos académicos tiene múltiples beneficios. No solo es un criterio de evaluación que garantiza la calidad del trabajo, sino que también asegura que vuestra aportación se construya sobre bases sólidas y se integre como una contribución valiosa a vuestra área de estudio.

Las normas creadas por la American Psychological Association, conocidas por su acrónimo APA, son un conjunto de pautas estandarizadas diseñadas para citar documentos en Ciencias Sociales y áreas afines. Estas normas facilitan la organización, claridad y coherencia en la presentación de trabajos académicos, de forma que cualquier persona pueda seguir, analizar y validar el proceso de investigación. Además, es importante recordar que las normas APA no son estáticas; han evolucionado con el tiempo y seguirán adaptándose a los cambios en el ámbito académico. Por ello, siempre es recomendable consultar los manuales oficiales de las normas APA para asegurarse de cumplir con los formatos y criterios actualizados.

Hemos organizado el documento en secciones que cubren desde los principios básicos de las normas APA hasta los detalles específicos sobre cómo citar y referenciar fuentes en vuestros trabajos. Cada sección incluye ejemplos prácticos y consejos útiles para que podáis aplicar correctamente las normas en vuestros trabajos académicos.

Estos apuntes no pretenden ser un manual que sustituya a los materiales autorizados por la American Psychological Association, ya que no contemplan la inmensa casuística que APA recoge. Os invitamos a que acudáis al manual completo en inglés en https://apastyle.apa.org y, también, a su versión en castellano en https://normas-apa.org, para la elaboración de vuestros próximos trabajos académicos.

Además, recordad que las indicaciones proporcionadas por vuestro profesorado para los trabajos académicos siempre prevalecen, ya que cuentan con la autonomía docente y pedagógica para realizar las adaptaciones de formato y estructura que consideren oportunas. Del mismo modo, cuando ejerzáis como profesionales y publiquéis vuestros trabajos, comprobaréis que cada revista, editorial, plataforma de acceso abierto, repositorio de datos, entre otros, adapta su guía de estilo atendiendo a sus propias características.

Tened en cuenta que, en este proceso de aprendizaje, es fundamental que reconozcáis la importancia de aplicar unas normas de estilo estandarizadas. Por una parte, estas normas facilitan formas de citación desde un uso académico y ético, así como a explicitar correctamente vuestras fuentes en la página de referencias. Las normas APA serán el instrumento que os acompañará en el ámbito de las Ciencias Sociales a partir de ahora.

Adaptación al Castellano

Como ya sabéis las normas APA tienen carácter internacional, pero su contexto es exclusivamente anglófono lo que provoca discordancias con otros idiomas como el castellano y el valenciano. Por ello es necesario hacer adaptaciones que armonicen su uso normativo en castellano y valenciano. Nos referimos al uso de mayúsculas, minúsculas, fechas, símbolos, etcétera. La siguiente tabla muestra algunas de las adaptaciones imprescindibles.

Tabla 1

Introducción general de la adaptación al castellano de las normas APA

Adaptación al castellano
(Ruiz-Gil y Ródenas-Rigla, 2023)
Ruiz-Gil, T. y Ródenas-Rigla, F.
(13 de diciembre de 2023)
(3ª ed.)

En el caso de la página de referencias, cuando se utilizan materiales escritos en otros idiomas, solo se adaptará la parte que indica los apellidos e inicial de las autoras y la fecha cuando es completa. En castellano no se debe hacer uso del símbolo *ampersand* acompañado de una coma, sino que hay que sustituirlos por la conjunción "y" (por ejemplo, en lugar de poner Ruiz-Gil, T., & Ródenas-Rigla, F., se escribe Ruiz-Gil, T. y Ródenas-Rigla, F.), manteniendo en el idioma original el título y la fuente de la referencia.

Márgenes y Formato del Documento

Para cumplir con los estándares de presentación en trabajos académicos, es importante seguir un formato uniforme que facilite la lectura y evaluación del contenido. A continuación, se detallan los aspectos clave de formato que deben aplicarse en los documentos.

Formato General

En los documentos académicos, aplicar un formato adecuado que facilite la lectura y comprensión es fundamental. En este sentido, es importante tener en cuenta aspectos como los márgenes, la sangría, el interlineado y la alineación del texto.

Todos los **márgenes** del documento deben ser de 2,54 cm en los cuatro lados: superior, inferior, izquierdo y derecho. Este formato asegura una presentación uniforme y profesional.

El **número de página** debe colocarse en la esquina superior derecha, utilizando números arábigos (1, 2, 3, ...). La numeración debe comenzar en la portada o primera página del documento.

La **primera línea** de cada párrafo del texto y de las notas a pie de página debe tener una **sangría** de 1,27 cm desde el margen izquierdo[2]. Esto ayuda a distinguir visualmente el inicio de cada párrafo, mejorando la estructura del texto. Puedes utilizar el tabulador (tecla *Tab* o ⇥) o, idealmente, configurar el estilo de párrafos en Word para lograr la sangría. Jamás utilices la barra de espacios para conseguir este efecto.

---

[2] A excepción de las referencias bibliográficas, que como se indicará más adelante, deben presentarse con sangría francesa de 1,27 cm.

Se debe utilizar un **interlineado** doble y **alineación** del texto solo a la izquierda, sin justificar completamente. Esta alineación es preferible tanto por razones de legibilidad como de accesibilidad, ya que es particularmente beneficiosa para personas con dificultades visuales o de lectoescritura, porque facilita la identificación del final de cada renglón. Además, **no se debe agregar un espacio adicional** antes o después de los párrafos, **ni añadir líneas en blanco** entre párrafos o entre títulos y subtítulos.

El **tipo y tamaño de la fuente** también deben seguir unas pautas específicas para garantizar la claridad y legibilidad del texto: para fuentes **sin serifa** (fuentes sin terminaciones en los extremos de los caracteres), las opciones recomendadas son Calibri (11 puntos), Arial (11 puntos) y Lucida Sans Unicode (10 puntos); para fuentes **con serifa** (fuentes con pequeñas terminaciones en los extremos de los caracteres), se recomienda Times New Roman (12 puntos), Georgia (11 puntos) y Computer Modern normal (10 puntos). Estas fuentes son ideales para el cuerpo del texto en trabajos largos, ya que ayudan a guiar el ojo a lo largo de la línea de texto.

En este sentido, se debe de utilizar la misma tipología y tamaño de letra a lo largo de todo el documento, incluso en los títulos y subtítulos, excepto las figuras (dentro de las imágenes de figuras se recomienda utilizar una fuente con tamaño entre 8 y 14 puntos sin serifa) y en las notas al pie de página (se puede utilizar una fuente de menor tamaño que la del texto y un interlineado diferente).

Jerarquía de Títulos

En el formato APA, la jerarquía de los títulos es fundamental para organizar y estructurar el contenido de manera clara y coherente, permitiendo que las lectoras identifiquen fácilmente las secciones y subsecciones de un documento. Cada nivel de título tiene un estilo específico, que se debe seguir consecutivamente para mantener la consistencia y profesionalidad en la presentación de la información. Además, recuerda que cada nivel implica la redacción de texto (evita tener un solo subtítulo debajo de un nivel), que los títulos y subtítulos no llevan números o letras, y que se debe mantener el interlineado doble del formato general empleado en todo el documento.

A continuación, se describen las características de cada nivel:

Nivel 1: Centrado • Negrita • Cada Palabra Inicia en Mayúscula

Texto inicia en nuevo párrafo

Nivel 2: Alineado a la izquierda • Negrita • Cada Palabra Inicia en Mayúscula

Texto inicia en nuevo párrafo

Nivel 3: Alineado a la izquierda • Negrita • Cursiva • Cada Palabra Inicia en Mayúscula

Texto inicia en nuevo párrafo

Nivel 4: Alineado a la izquierda • Negrita • Cada Palabra Inicia en Mayúscula • Con sangría de ½ pulgada (1.27 cm) • Con punto final. Texto inicia en la misma línea

Nivel 5: Alineado a la izquierda • Negrita • Cursiva • Cada Palabra Inicia en Mayúscula • Con sangría de ½ pulgada (1.27 cm) • Con punto final. Texto inicia en la misma línea

Citas de Autoras y Autores

Una de las cuestiones clave en la investigación es el uso de las citas. Aunque al principio puede parecer que reconocer las ideas de otras autoras o autores le resta valor a vuestro trabajo, poco a poco iréis constatando que es justo lo contrario. Lo importante es que demostréis a vuestras profesoras que habéis utilizado textos científicos como base para construir vuestros argumentos. Esto se evidencia con el uso de las citas. Un excelente ejercicio práctico es comprobar como los artículos científicos, los manuales académicos, los trabajos fin de grado, etcétera, contienen infinidad de citas (nos referimos a la información que encontráis entre paréntesis con los apellidos de autoras y autores, y que en ocasiones también se presenta sin paréntesis, pero incluyendo dentro del paréntesis la fecha y, si corresponde, el número de página). Estos datos, que a menudo obviáis al subrayar las lecturas obligatorias de las asignaturas porque os parece que interrumpen la lectura, son precisamente los que otorgan valor científico a los trabajos de investigación y a los buenos trabajos académicos. Podemos diferenciar dos tipos de citas: directas e indirectas. Ahora, vamos a verlas.

Cita Directa o Textual (Literal)

La cita directa, también llamada literal, se refiere a la reproducción exacta de un fragmento, más o menos largo, del texto que estáis consultando. Puede ser corta (de menos de 40 palabras), con comillas; o en bloque (de 40 palabras o más), sin comillas.

Cita Directa o Textual, Corta, Parentética (Haciendo Énfasis en el Texto)

Ejemplo: "hablar de integración implica en las intervenciones profesionales el conocimiento de áreas específicas fundamentado en la diversidad cultural, por ejemplo, conocimientos sobre los rasgos culturales e idiomáticos de las personas migradas" (Berlanga y Royo, 2024, p. 836).

Cita Directa o Textual, Corta, Narrativa (Haciendo Énfasis en la Autora/Autor)

Ejemplo 1: como señalan Berlanga y Royo (2024), "hablar de integración en las intervenciones profesionales implica el conocimiento de áreas específicas fundamentado en la diversidad cultural, por ejemplo, conocimientos sobre los rasgos culturales e idiomáticos de las personas migradas" (p. 836).

Ejemplo 2: "hablar de integración en las intervenciones profesionales implica el conocimiento de áreas específicas fundamentado en la diversidad cultural, por ejemplo, conocimientos sobre los rasgos culturales e idiomáticos de las personas migradas" tal y como señalan Berlanga y Royo (2024, p. 836).

Cita Directa o Textual en Bloque, Parentética (Haciendo Énfasis en el Texto)

Las citas de 40 palabras o más, conocidas como citas en bloque, se presentan de manera especial para destacarlas del texto principal. Este tipo de citas se coloca en un párrafo aparte del texto y sin utilizar comillas. Además, todo el bloque debe tener una sangría de 1.27cm desde el margen izquierdo. Este formato ayuda a diferenciar claramente la cita del contenido original de vuestro trabajo, facilitando la lectura y el reconocimiento de las ideas tomadas de otras fuentes en el texto que estáis redactando. Ejemplo:

En el ámbito deportivo, la presencia de profesionales del Trabajo Social es fundamental para garantizar una intervención integral con las personas, asimismo:

No es simplemente algo útil, sino que es necesario para intervenir con las personas de una manera holística e integral, centrándose en todos los ámbitos de sus vidas, mejorando así tanto su bienestar personal como el clima en los entornos deportivos, y logrando una mayor inclusión de personas LGTBI+ en estos espacios. (Ruiz-Gil et al., 2022, p. 48)[3]

Cita Directa o Textual en Bloque, Narrativa (Haciendo Énfasis en la Autora/Autor)

A continuación, se muestra un ejemplo:

A la hora de comprender qué lleva a las personas a desplazarse de sus lugares de origen a otros contextos y convertirse así en personas migrantes, Benlloch-Doménech y Barbé (2020) diferencian entre migrantes laborales y migrantes *lifestyle*:

Si bien en ambos existe influencia de los factores de expulsión-atracción en el caso de los segundos estarían más atraídos por factores como el clima estable, la atracción por lo exótico o la desestructuración de la familia tradicional, lo que les otorga una mayor libertad para establecerse en otros lugares. La explicación de las migraciones por factores vinculados a la economía, han sido rebatidos por las nuevas teorías al explicitar que los países más empobrecidos tienen menos cifras de emigración y mayores problemas para realizar el éxodo. Entre otros factores se exponen los climáticos, los políticos, los derivados de la organización social, incluso los factores religiosos.

Por último, como idea principal de este estudio, es nuestra pretensión destacar que las migraciones y los desplazamientos han sido llevados a cabo por la población a nivel mundial a lo largo de la historia. No se trata de un fenómeno nuevo, ha sido una práctica llevada a cabo a lo largo de generaciones. (pp. 56-57)

Cita Indirecta o Parafraseada

Otra de las formas de citación más habituales es tomar una idea de una autora y expresarla con nuestras palabras, sin copiarla literalmente y sin cambiar el sentido que la autora le da. En este

---

[3] La firma normalizada en la investigación científica recomienda incluir un guion para autoras y autores con apellidos comunes, cuando así lo consideren oportuno. Recordad que debéis incluir el apellido o los apellidos, tanto en la cita como en la referencia, tal como aparecen en la fuente original.

caso, también es obligatorio incluir la cita, y es recomendable indicar la página o páginas donde se desarrolla la idea.

Cita Indirecta o Parafraseada Parentética (Haciendo Énfasis en el Texto)

Ejemplo: La presencia de personas en situación de sinhogarismo refleja las deficiencias del sistema de protección social y las políticas de vivienda, evidenciando la necesidad de reformas que garanticen estos derechos y reduzcan la influencia del mercado en estos ámbitos (Matamala, 2019).

Cita Indirecta o Parafraseada Narrativa (Haciendo Énfasis en la Autora/Autor)

Ejemplo: La presencia de personas en situación de sinhogarismo, tal como nos advierte Matamala (2019), refleja las deficiencias del sistema de protección social y las políticas de vivienda, evidenciando la necesidad de reformas que garanticen estos derechos y reduzcan la influencia del mercado en estos ámbitos.

Cita de una Cita (Cita Secundaria)

Cuando es difícil acceder de forma directa a una referencia que hemos encontrado citada en un texto con el que estamos trabajando, en este caso también es importante indicar la autoría original, para ello puedes hacer uso de la denominada cita secundaria. Aunque, siempre que puedas debes acudir al texto original (la fuente primaria) que se está citando[4].

Se pueden utilizar tres formatos compatibles ya que tienen el mismo significado. Debéis mantener el mismo formato en todas las citas secundarias de vuestro trabajo. En nuestro caso estamos haciendo uso de la forma establecida en el manual en castellano: "como se citó en". Pero, también podéis hacer uso de: "como se cita" o "citado en". Ejemplos:

Avramov (1995, como se citó en Matamala, 2019) considera personas sin hogar a quienes carecen de vivienda adecuada y estable por causas económicas, sociales o personales que limitan su autonomía y dificultan una vida acorde a sus necesidades.

---

[4] En primer lugar, tenéis que indicar la autoría y el año del texto que aparece citado en el documento que estáis usando, ya que esa obra se publicó antes. Pero, recordad que en la lista de referencias solo debéis incluir el documento que habéis consultado directamente.

Esta definición superó la visión unicausal del fenómeno del sinhogarismo centrada en los factores personales. Asimismo, evidencia que la ausencia de alojamiento, sin importar su causa, constituye un criterio esencial para establecer los límites de una realidad que excede el simple acceso a una vivienda (Tejero y Torrebadella, 2005, como se citó en Matamala, 2019, p. 27).

Prestad atención siempre que utilicéis las citas de citas, ya que toda cita secundaria es una cita combinada en sí misma. Pueden ser parafraseadas, tal como os muestra el ejemplo anterior, pero también podéis hacer uso de la cita secundaria: directa, tanto corta como en bloque, y narrativa o parentética.

Citas Consecutivas

También es posible realizar citas consecutivas de distintas autoras o autores que expresan una misma idea que os sirve para fundamentar una propuesta central en vuestro trabajo, siempre que se trate de citas parafraseadas. En estos casos, se incluyen todas las referencias entre paréntesis, separadas por punto y coma, siguiendo el orden alfabético del primer apellido de la autoría de cada documento citado. Esta forma de citar resulta especialmente útil cuando se quiere reforzar una afirmación con el respaldo de múltiples fuentes científicas que coinciden con vuestro planteamiento. Ejemplo: (Barbé-Villarrubia y Marí-Poveda, 2023; Gallén-Granell y Ruiz-Gil, 2024).

¿Cuándo Utilizar *et al.* en las Citas?

La abreviatura latina *et al.* significa *"y otras/otros"* y, de forma genérica, garantiza el uso de un lenguaje inclusivo. Debe utilizarse siempre que proceda en el texto. No obstante, es importante recordar que nunca debe aparecer *et al.* en la lista de referencias.

Citas con dos autorías: Gallén-Granell y Ruiz-Gil (2024)

Citas con tres o más autorías: Royo-Ruiz et al. (2024)

El uso de e*t al.* debe evitarse si genera ambigüedad (véanse los ejemplos 1 y 2 de la Tabla 2) o si no se cumple la condición de pluralidad de las autorías que se omiten (ejemplos 3 y 4) ya que, si solo se omite una autoría, no puede utilizarse *et al.*, que significa *"y otros/otras"*, pero en ningún caso *"y otro/otra"*.

Tabla 2

Excepciones en el uso de et al.

Autoría y fecha de la referencia	Cita en el texto
Thompson, R., Smith, S., Brown, P. y Wilson, F. (2025)	Thompson, Smith et al. (2025)
Thompson, R., Robinson, V., Taylor, S. y Wright, M. (2024)	Thompson, Robinson et al. (2024)
Guardiola, J., Soler, M. y Puig, A. (2023)	Guardiola, Soler y Puig (2023)
Guardiola, J., Ferrer, L. y Puig, A. (2022)	Guardiola, Ferrer y Puig (2022)

¿Cómo Citar Organizaciones?

Cuando se trata de una organización, en la primera cita dentro del texto debe mencionarse el nombre completo, seguido de su abreviatura entre corchetes si esta existe y es de uso común:

(Programa de Naciones Unidas para el Desarrollo [PNUD], 2024, p. 25).

En las siguientes citas se utiliza la abreviación indicada entre corchetes en la primera cita: (PNUD, 2024, p. 50).

Importante: en un trabajo académico, las abreviaturas tratan de evitar repeticiones que obstaculizan la lectura de vuestros trabajos; no las utilicéis para tratar de escribir más rápido o evitar teclear algunos caracteres. Usad una abreviatura solo si al menos aparece tres veces en el texto, en caso contrario escribid el término completo. Si no existe una abreviatura estandarizada, podéis crear una propia si se mantiene el uso mínimo. Las abreviaturas (siglas o acrónimos) que están recogidas en el diccionario no tienen que mencionarse con el nombre completo, por ejemplo, ONG, VIH, DNI, IVA, ONU, etcétera.

Comunicación Personal

Los trabajos que no pueden ser consultados por quienes os van a leer se citan en el texto como comunicaciones personales y no aparecen en la lista de referencias. Para la cita de comunicaciones personales se requiere la autorización de las personas participantes directamente. Se dan dos casos diferenciados, atendiendo al compromiso de confidencialidad, la cita no anónima y la cita anónima.

En las **citas no anónimas** podéis hacer uso de la inicial del nombre y del apellido. También podéis codificarlas, si habéis realizado entrevistas a profesionales del trabajo social, como EP-01 o TS-01. Veamos algunos ejemplos:

(EP-01, comunicación personal, 8 de abril de 2025).

Parentética: (E. Marí-Poveda, comunicación personal, 8 de abril de 2025).

Narrativa: E. Marí-Poveda (comunicación personal, 8 de abril de 2025).

Las **citas anónimas** se requieren para las personas que son sujetos de vuestra investigación (citas textuales extraídas de vuestro trabajo de campo mediante entrevista, grupo de discusión, grupo focal, historia de vida, etcétera). En estos casos, debéis utilizar fórmulas que sustituyan cualquier dato confidencial. No es necesario limitarse a códigos, también podéis usar descriptores o seudónimos. Por ejemplo:

En formato parentético:

(entrevistada, 27 años, profesional en activo)

(entrevistado, 35 años, profesional desempleado)

En formato narrativo:

Nuestra participante, llamada Victoria (los nombres utilizados son ficticios)

El participante F de nuestro grupo de discusión afirmó que...

A continuación, se muestran de forma detallada diferentes textos que debéis tratar como comunicaciones personales.

Tabla 3

Tipos de comunicaciones personales

Tipo de comunicación
Correos electrónicos
Mensajes de texto
Chats o mensajes de grupos no archivados o privados
Entrevistas personales
Conversaciones telefónicas
Seminarios web, discursos o conferencias no grabadas
Manuscritos no publicados
Cartas privadas

Referencias de Uso Habitual

Es fundamental diferenciar entre **bibliografía** y **referencias**. La **bibliografía** incluye todas las fuentes consultadas sobre el tema, aunque no se hayan citado directamente en el texto, mientras que las **referencias** solo incluyen las fuentes que efectivamente se han citado en el desarrollo del trabajo. En los trabajos académicos se pide, de forma general, solo la página de **referencias**, es decir, únicamente aquellos documentos que aparecen mencionados en el texto. En este sentido, recordad que todas las autoras y los autores citados a lo largo de vuestro trabajo deben aparecer necesariamente en este listado. No se deben incluir referencias que no hayan sido citadas, ni citar fuentes que luego no se recojan en la página de referencias.

Como hemos explicado anteriormente, tanto citar como referenciar de manera correcta las fuentes utilizadas permite el reconocimiento del trabajo e ideas de otras personas. En esta línea, es importante destacar que la producción científica de las mujeres ha sido invisibilizada de manera reiterada a lo largo de la historia, por ello os proponemos la adaptación de las normas APA incluyendo el nombre completo de las **personas autoras**[5] en el listado de referencias. De esta manera, visibilizamos a las mujeres en la ciencia. Esta recomendación hace tiempo que se aplica en los estudios de género y está avalada por la Asociación de Mujeres Investigadoras y Tecnólogas (AMIT).

Asimismo, otras pautas de citación como el estilo Vancouver (utilizado en el ámbito de las Ciencias de la Salud) ya han actualizado este criterio e incorporan el nombre completo de las autoras y los autores. Por ejemplo, la Universitat Oberta de Catalunya ha propuesto una adaptación del modelo APA, tal como lo hacemos aquí con las referencias de autoras, en algunos de los ejemplos, y en el listado completo de referencias.

Es importante destacar que podéis elegir cómo expresar el nombre de las autoras y autores como os estamos explicando (si no tenéis unas instrucciones concretas), pero si decidís utilizar el nombre completo es mejor que lo indiquéis con una nota al pie de página cuando introducís el

---

[5] Tanto mujeres como hombres.

epígrafe "Referencias"[6]. Sin embargo, el sistema de citas se mantiene inalterable, aunque hagáis uso de la adaptación de género, ya que dicha adaptación solo afecta al listado de referencias, tanto para autoras como para autores.

En todo caso, recordad que debéis atender a las pautas particulares para los trabajos académicos que indiquen vuestras profesoras y profesores.

La lista de referencias estará al final del trabajo académico, en **orden alfabético**. Debe tener una **sangría francesa de 1.27cm** y utilizar la misma fuente, tamaño e interlineado que el texto del trabajo. En la séptima edición de las normas APA, una referencia incluye cuatro elementos básicos:

Tabla 4

Elementos básicos de una referencia

Elementos que hay que incluir en las referencias
Autoría: Responsable(s) del trabajo.
Fecha: Fecha de publicación.
Título: Nombre del material.
Fuente: Lugar de consulta o adquisición.

Las referencias básicas más utilizadas en el ámbito académico son las que os presentamos a continuación a través de ejemplos prácticos.

Artículo de Revista Científica[7]

Tabla 5

Información que se puede tener disponible para referenciar artículos de revista

Autora	Fecha	Título	Fuente	
Apellido, A. A. Apellido, B. B. y Apellido, C. C. (hasta 20 autoras)	(2022). (2023).	Título del artículo.	*Publicación, 60*(8), 1492-1508.	https://doi.org/ https://ar.uv/exemple (si hay)

---

[6] Con el fin de visibilizar la producción científica de las mujeres se ha optado por exponer las referencias de los materiales utilizados con el nombre completo de las autoras y los autores en lugar de las iniciales, realizando así una adaptación de las normas APA 7ª edición.

[7] Si la publicación no dispone de alguno de los elementos habituales (como el número de volumen, número de ejemplar o las páginas), **solo** en ese caso puede omitirse en la referencia.

Ejemplo 1: Hasta 20 Autoras/Autores

Prades-Caballero, V., Navarro-Pérez, J. J. y Carbonell, Á. (2024). Factors associated with suicidal

behavior in adolescents: An umbrella review using the socio-ecological model. *Community*

Mental Health Journal, 60(8), 1492–1508. https://doi.org/10.1007/s10597-024-01368-2

Ejemplo 2: Más de 20 Autoras/Autores[8]

Mas-Coma, S., Artigas P., Cuervo, P. F., De Elías-Escribano, A., Fantozzi, M. C., Colangeli, G., Córdoba,

Á., Marquez-Guzman, D. J., Mas-Bargues, C., Borrás, C., Pérez-Pérez, P., Bethencourt-

Estrella, C. J., Rodríguez-Expósito, R. L., Peña-Prunell, M. D., Chao-Pellicer, J., García-Pérez,

O., Domínguez de Barros, A. T., García-Ramos, A., Sirvent-Blanco C., ... Bargues M. D. (2025).

Infectious disease risk after the October 2024 flash flood in Valencia, Spain: Disaster

evolution, strategic scenario analysis, and extrapolative baseline for a One Health

assessment. *One Health, 21*(article 101093), 1-24.

https://doi.org/10.1016/j.onehlt.2025.101093

Hemos podido constatar, a lo largo del tiempo, que cuando os iniciáis en el uso de las

normas APA, una de las informaciones que más os cuesta diferenciar en los artículos de revistas

científicas es la correcta localización del volumen y el número. A modo de aclaración, tened en

cuenta que las revistas científicas se pueden editar especificando el volumen (expresa un periodo de

tiempo, generalmente anual) y el número concreto de la revista (publicaciones comprendidas en ese

espacio de tiempo). También encontráis revistas que solo publican por volúmenes o sólo por

números. Para diferenciar ambas informaciones, el número del volumen se escribe en itálica y el

número de la revista va entre paréntesis y sin letra en cursiva. Observad que cuando existen los dos

datos (volumen y número), no debéis dejar un espacio entre ellos.

---

[8] Se deben proporcionar los apellidos e iniciales de hasta 20 autorías en la lista de referencias. Para 21 o más autorías, se deben incluir las primeras 19 autorías, luego hay que insertar ... (sin la "y") y terminar con el apellido y la inicial de la última autoría.

Libro u Obra de Referencia

Tabla 6

Información que se puede tener disponible para referenciar libros

Autora	Fecha	Título	Fuente	
Apellido, A. A.	(2022).	*Título del libro.*	Editorial.	https://doi.org/
Apellido, B. B. y Apellido, C. C. (hasta 20 autoras)		*Título del libro* (número de edición, a partir de la segunda edición).		https://libro.uv/ exemple
Apellido, E. E. (Ed.).				(si hay)
Apellido, F. F. y Apellido, G. G. (Eds.).		*Título del libro* (2ª ed., Vol. 3).		

Ejemplo 1

Berasaluza, A. y Fombuena, J. (Coords.). (2024). *Supervisión: Voces que colaboran para super(ar)visiones.* Nau Llibres.[9]

Ejemplo 2

Garcés, J. (Ed.). (2024). *Tratado general de trabajo social, servicios sociales y política social* (Vols. 1-3). Tirant humanidades. https://editorial.tirant.com/es/ebook/tratado-general-de-trabajo-social-servicios-sociales-y-politica-social-3-tomos-jorge-garces-ferrer-9788411834711

Capítulo de Libro

En este caso tenéis que considerar que el libro que estáis utilizando es un contenedor de capítulos que están escritos por diferentes autoras y autores. La primera cosa que tenéis que referenciar es la información del capítulo y luego decir en qué libro está escrito ese capítulo. Por eso siempre encontráis la preposición *En* que inicia, desde un punto y seguido, la segunda parte de la referencia. Fijaos bien en el ejemplo.

Ejemplo

Vázquez-Cañete, A. I., Belda-Miquel, S., Sigalat Signes, E. y Mut-Montalvà, E. (2023). Sostenibilidad y ODS en el Grado en Trabajo Social: Análisis y propuestas formativas para la transformación

[9] Título y subtítulo: se tratan como una unidad separada por dos puntos y todo escrito en cursiva, cuando procede. El uso normalizado por APA para referencias, tanto para castellano como en inglés, es escribir en mayúscula solo la primera letra del título y del subtítulo (si lo hay) y de cualquier nombre propio.

social. En E. Martínez García y V. Vázquez Verdera (Eds.), *Sostenibilización curricular de las*

universidades en el marco de la Agenda 2030 de las Naciones Unidas (pp. 290-310). Tirant

Humanidades.

Informes y Literatura Gris

La literatura gris es cualquier tipo de documento que no se difunde como material

académico en los medios de publicación tradicionales o comerciales; sus canales de distribución no

se ajustan a normas de control bibliográfico y, además, suelen ser de difícil acceso. En esta categoría

se pueden incluir informes de investigación, documentos de trabajo, boletines, memorias, normas,

patentes, traducciones científicas, encuestas, etcétera.

Si se hace uso de estos documentos y no consta ninguna autoría de forma explícita, se debe

utilizar el nombre de la organización o institución.

Tabla 7

Información que se puede tener disponible para referenciar literatura gris

Autora	Fecha	Título	Fuente	
Apellido, A. A.	(2022).	*Título del informe.*	Editorial.	https://doi.org/
Apellido, B. B. y Apellido, C. C. Nombre de la organización.	(2024).	*Título de literatura gris* [Descripción].		https://informe.uv /exemple (si hay)

Ejemplo 1

Botija, M. y Matamala, E. (Coords.). (2022). *Informe diagnóstico de las personas sin hogar en*

València, 2021. Ajuntament de València.

https://www.valencia.es/documents/20142/618951/Diagnostico_Censo_PSH_VLC_2021.pdf

/3f5a6adf-9aea-b4cf-d7b8-78e1cc08ff61?t=1673954844051

Ejemplo 2

Sindicatura de Greuges de Barcelona. (2020). *El sinhogarismo en la ciudad de Barcelona.*

https://www.sindicaturabarcelona.cat/wp-content/uploads/2020/11/sensellar.es_.pdf

Conferencias y Ponencias

Tabla 8

Información que se puede tener disponible para referenciar conferencias y ponencias

Autora	Fecha	Título	Fuente	
Apellido, A. A. y Apellido, B. B.	(12-14 de agosto de 2020).	*Título de la contribución* [Tipo de contribución].	Tipo de evento académico, Institución académica, Ciudad, País.	https://xxxx (si hay)

Ejemplo

Pereira-García, S., Ruiz-Gil, T. y Vázquez-Cañete, A. (17- 19 de abril de 2024). *¿Es el ChatGPT un*

   aliado? Potenciales beneficios y riesgos en la práctica del Trabajo Social [Comunicación oral].

   V Congreso Internacional del Trabajo Social, Facultad de Estudios Sociales y del Trabajo,

   Universidad de Málaga, España.

Trabajos Académicos: Tesis y Trabajo Final (Máster o Grado)

Tabla 9

Información que se puede tener disponible para referenciar trabajos académicos

Autora	Fecha	Título	Fuente	
Apellido, A. A.	(2022).	*Título de la tesis* [Tesis, según grado académico, Institución que otorga el título académico].	Base de datos. Repositorio.	https://tesis.uv /exemple (si hay)

Ejemplo

Barbé, M. J. (2020). *Mujeres migradas, empoderamiento y participación social: Un análisis feminista*

   a través de trayectorias vitales de mujeres latinoamericanas en la ciudad de València [Tesis

   Doctoral, Universitat de València]. RODERIC. https://hdl.handle.net/10550/76534

Páginas Web

   Una página web es un documento electrónico, en acceso abierto a través de internet, que

contiene la información organizada y presentada de forma visual. Para su uso académico nos interesan solo cuando proporcionan **información contrastada, fiable y actualizada**. Las páginas web

constituyen una herramienta fundamental para los trabajos académicos en la era digital. Una página

web es un documento único dentro de un navegador que se centra en un solo tema, desde la que se

pueden leer publicaciones (*post*) especializadas en forma de artículos o noticias. Una página web

puede ser autónoma o formar parte de un sitio web (colección de varias páginas web

interconectadas).

Las páginas web pueden ser estáticas (contienen información que no cambia y se mantiene

de manera constante) y dinámicas (generan contenido actualizado permanentemente). La web de

medios de comunicación ofrece noticias, artículos y contenido multimedia, entre otros.

Para hacer correctamente una referencia extraída de una página web, primero hay que

responder dos preguntas: ¿dónde está ubicado el material que estoy utilizando? y ¿qué tipo de

material quiero referenciar? Los dos elementos clave son: el **contenedor** de la referencia (tipo de

página web) y el **contenido** referenciado (artículo de divulgación científica, noticia, comentario de

noticia, informe, libro, capítulo de libro, voz de diccionario, etcétera).

Ejemplo 1: Artículo en Página Web de Noticias (Medio de Comunicación Digital o Impreso)

Lacomba, J. y Berlanga, M. J. (3 de diciembre de 2024). Así están sufriendo ya en Marruecos las

consecuencias del cambio climático. *The Conversation.* https://theconversation.com/asi-

estan-sufriendo-ya-en-marruecos-las-consecuencias-del-cambio-climatico-242313

Ejemplo 2: Comentario en Página Web de Noticias

Echevarría, J. E. (12 de marzo de 2025). *Enhorabuena, una vez más, al equipo multidisciplinar de*

Atapuerca por este nuevo hallazgo científico y esta nueva aportación [Comentario en la

página web *The Conversation: Rigor académico, oficio periodístico*]. The Conversation.

https://theconversation.com/atapuerca-descubre-el-rostro-humano-mas-antiguo-de-

europa-occidental-252074#comment_3018661

Ejemplo 3: Página Web en Sitio Web Corporativo, con Autoría Corporativa

Ministerio de Derechos Sociales y Agenda 2030. (2 de noviembre de 2021*). Estrategia nacional para*

la igualdad, inclusión y participación del Pueblo Gitano 2021-2030. Gobierno de España.

https://www.dsca.gob.es/es/derechos-sociales/poblacion-gitana/estrategia-

nacional/estrategia-igualdad-inclusion-participacion-pueblo-gitano-2021-2030

Ejemplo 4: Página Web en Sitio Web Corporativo, con Autoría Personal

López-Sáez, M. Á. (23 de abril de 2025). *Guía práctica para la inclusión de la perspectiva de*

diversidad sexual y de género en la investigación. Universidad Rey Juan Carlos y Ministerio

de Igualdad. https://www.igualdad.gob.es/wp-content/uploads/Guia-Diversidad-Sexual.pdf

Ejemplo 5: Diccionario en Línea. Página Web en Sitio Web Corporativo Dinámico: No Archiva

Información

Real Academia de la Lengua. (s.f.). Video o vídeo. En *Diccionario panhispánico de dudas.* Recuperado

el 30 de junio de 2025, de https://www.rae.es/dpd/video

Medios en Línea

Tabla 10

Información que se puede tener disponible para referenciar páginas web y medios en línea

Autora	Fecha	Título	Fuente	
Apellido, A. A. Nombre de grupo. [usuario].	(2025) (junio de 2025) (28 de junio de 2025) (s.f.).	*Título del contenido.* *Contenido de la publicación hasta las primeras 20 palabras* [Descripción del material referenciado].	Sitio.	Recuperado el 30 de junio de 2025*, de https://ml.uv/exemple

*Nota: La fecha de consulta solo se indica en páginas dinámicas con actualizaciones constantes y sin versión archivada.

Aplicación

Universitat de València. (3 de junio de 2025). *AppUV* (7.21.5) [Aplicación móvil Android]. Google Play

Store. https://play.google.com/store/apps/details?id=net.universia.uv&hl=es

Universitat de València. (26 de junio de 2025). *AppUV* (7.21.7) [Aplicación móvil iOS]. App Store.

https://apps.apple.com/es/app/universitat-de-val%C3%A8ncia/id1601173273

Presentaciones de Diapositivas

Las presentaciones de materiales se pueden referenciar siempre que estén disponibles en acceso abierto. Pueden ser en formato *PowerPoint*, *Prezi*, *Canva*, *Genially* u otros. Veamos un ejemplo:

Peñalver, P. (25 de marzo de 2023). *Inteligencia Artificial Generativa en FP* [Diapositiva de

PowerPoint]. I Congreso de Digitalización Educativa de Castilla-La Mancha.

https://congresodigedu.castillalamancha.es/sites/default/files/2023-

03/3_Pablo%20Peñalver.pdf

Publicación en Redes Sociales: Publicación Concreta y Página o Perfil

Grupo de Investigación en Migración y Procesos de Desarrollo de la Universitat de Valencia

(@inmide.bsky.social). (9 de abril de 2025). *#Seminario Internacional "#CrisisClimática y*

#Movilidades en América Latina: Mitos, Avances y Brechas de Conocimiento", en el que

participaremos virtualmente [Post] [Imagen adjunta]. Bluesky.

https://bsky.app/profile/inmide.bsky.social/post/3lmejel4s2224

Universitat de València. (s.f.). *Inicio* [Página de Facebook]. Facebook. Recuperado el 8 de mayo de

2025, de https://www.facebook.com/share/17gQCACGw8/?mibextid=wwXlfr

Entrada de Blog

Un blog no es una página web propiamente, aunque puede formar parte de ella, ya que cumple funciones diferentes en cuanto al contenido y la finalidad.

Los blogs presentan opiniones o puntos de vista personales sobre diversos temas. Los contenidos de un blog pueden ser académicos o no. Para dirimir cuándo un blog es académico debemos consultar la producción de materiales académicos y/o especializados de la autora o el autor, e incluso consultar su página web que generalmente está asociada o referenciada en el blog. Vemos un ejemplo:

Navarro, B. (1 de abril de 2025). Dolor y miedo. *Trabajo Social y tal.*

https://trabajosocialytal.com/2025/04/dolor-y-miedo

ChatGPT / Chatbots Basados en Inteligencia Artificial Generativa

La respuesta a cómo citar o reproducir parte del texto creado por un chatbot de inteligencia artificial generativa (IAG) en los trabajos académicos viene recomendada por las normas APA, desde abril de 2023, para que podáis incluir tanto la cita de la pregunta (*prompt*) que se realiza como la referencia. Debéis tener en cuenta que el uso de cualquier IAG requiere siempre la cita y la referencia en vuestro trabajo académico.

Además, podéis incluir el texto completo de las respuestas largas en un apéndice de vuestro trabajo, para que quienes os lean tengan acceso al texto íntegro que se ha generado a partir de las preguntas que habéis formulado. Si creáis el apéndice complementario del material obtenido en la conversación con una IAG, recordad que debe mencionarse al menos una vez en el cuerpo de vuestro trabajo. Si fuera así, las citas quedarían como podéis ver en los ejemplos.

Por otra parte, en esta ocasión os vamos a explicitar cuáles son los **elementos adaptados a las referencias de IAG** de cualquier tipo.

Autoría: el autor del modelo o empresa, como puede ser OpenAI.

Fecha: el año de la versión que habéis utilizado; solo el año, no la fecha exacta.

Título: aparecen tres informaciones básicas: en letra itálica el nombre general del modelo de IAG utilizado; entre paréntesis la versión con la que habéis trabajado (cada empresa puede utilizar diferentes formatos, por ejemplo numérico, la fecha de lanzamiento de la versión u otros); y finalmente, los corchetes, que incluyen la descripción del modelo. El objetivo del texto entre corchetes es describir brevemente el tipo de modelo, no el tema que le habéis preguntado a la inteligencia artificial, ya que muchas veces quien os lee no tiene que conocer necesariamente cada una de las IAG que utilizáis.

Fuente: el editor; si coincide que es el mismo que el autor (empresa) no se debe repetir, y se añade el enlace oficial para acceder al modelo (no a la página principal del editor).

Ejemplo 1: Citas

(OpenAI, 2025)

(Perplexity, 2025)

Ejemplo 2: Referencias

Midjourney. (2023). *Midjourney* (versión 6) [Transformador de modelos de lenguaje a imagen].

https://www.midjourney.com/home

OpenAI. (2024). *Sora* (versión diciembre) [Transformador de modelos de texto a imagen o vídeo].

https://sora.chatgpt.com/

OpenAI. (2025). *ChatGPT* (versión del 14 de abril) [Modelo de lenguaje de gran tamaño].

https://chat.openai.com/chat

Perplexity. (2025). *Perplexity* (versión de marzo) [Modelo de lenguaje de gran tamaño].

https://www.perplexity.ai

Medios Audiovisuales

Tabla 11

Información que se puede tener disponible para referenciar medios audiovisuales

Autora	Fecha	Título	Fuente	
Apellido, D. (Directora). Apellido, P. (Productora).	(2020). (2020-presente). (2019-2024). (21 de julio de 2024).	*Título de la producción audiovisual* [Descripción].	Compañía productora. Sello discográfico. Departamento, Facultad, Universidad.	https://doi.org/ https://ma.uv/e xemple (si hay)

La siguiente tabla indica la persona que desempeña el papel de autoría en cada tipo de producción audiovisual.

Tabla 12

Información de autorías en producciones audiovisuales

Tipo de medio	Autora
Serie de televisión	Productora(as) ejecutiva(s)
Episodio de serie de televisión	Escritora y directora del episodio
Película	Directora
Pódcast	Presentadora ejecutiva
Episodio de pódcast	Presentadora del episodio
Seminario web o Webinario	Instructora
Fotografía	Fotógrafa
Vídeo en internet	Persona o grupo que subió el vídeo
Canción	Compositora o artista de la grabación

A continuación, se presentan algunos ejemplos de referencias sobre contenidos audiovisuales.

Serie de Televisión

Barantini, P., Feller, E., Gardner, D., Graham, S., Herbert, M., Kleiner, J., Pitt, B., Thorne, J., Walters, H. y Wolarsky, N. (Productores ejecutivos). (2025). *Adolescencia* [Miniserie de Televisión]. Warp Films; It's All Made Up Productions; Matriarch Productions; Plan B Entertainment; One Shoe Films. https://serietelevision//exemple

Episodio de Serie de Televisión

Andem, J. (Directora). (24 de octubre de 2020). Darle al pause (Temporada 4, Episodio 8) [Episodio de serie de televisión]. *Skam.* Movistar Plus. https://episodioserietv//exemple

Película

Barrera, M. (Director). (2024). *El 47* [Película]. The MediaPro Studio; TV3; Telson; RTVE.

Pódcast

Barceló, À. (Presentadora). (marzo de 2021-presente). *Hoy por hoy* [Pódcast de audio]. Cadena Ser. https://cadenaser.com/podcast/cadena-ser/

Episodio de Pódcast

Cruz, J. (Presentador). (26 de octubre de 2024). Migración y cambio climático / Joan Lacomba [Episodio de pódcast de audio]. *Hora Cero.* Radio Canaria. https://rtvc.es/hora-cero/

Seminario Web o Webinario

Vicente, E. (21 de noviembre de 2024). *El Trabajo Social en el Tercer Sector.* Consejo General de Trabajo Social. https://www.youtube.com/watch?v=1ds6wNvci2s

Fotografía

Salem, M. (2024). *Una mujer palestina abraza el cuerpo de su sobrina* [Fotografía]. Reuters. https://fotografia//exemple

Vídeo en Internet

Colegio Oficial de Trabajo Social de Madrid. (31 de marzo de 2025). *Reconocimiento especial a la*

intervención en grandes emergencias al COTS Valencia [Archivo de Vídeo]. YouTube.

https://www.youtube.com/watch?v=Eeuwdo4Pfvs

Canción

Romero, A. (2025). Tocotó [Canción]. *Si abro los ojos no es real.* Universal Music Group.

https://cancion//exemple

Tablas y Figuras

Tablas

El título y la descripción de la tabla se escriben a doble espacio. Asimismo, el contenido de la

tabla debe tener interlineado simple para facilitar la lectura y mejorar la estética (recomendado).

Tabla 13

Ejemplo de tabla según las normas APA

	Categoría 1	Categoría 2	Categoría 3
Variable 1	xxxxxx	xxxxxx	xxxxxx
Variable 2	xxxxxx	xxxxxx	xxxxxx
Variable 3*	xxxxxx	xxxxxx	xxxxxx

Nota. La explicación de la nota se escribe en un tamaño de letra 2 puntos menor que el texto principal del trabajo, con

doble espacio, sin cursiva y con punto final.

* Cualquier aclaración imprescindible en el contenido de la tabla se indica con un símbolo de asterisco, colocado detrás de

la nota general, y se finaliza con un punto.

Figuras

Las figuras (fotografías, imágenes y gráficos) solo se utilizarán si clarifican de forma relevante

el texto, si no se prescindirá de ellas. Se presentarán incorporadas en el texto, en el lugar que

corresponda. El título y la descripción de la figura se escriben a doble espacio.

Figura 1

Imagen libre de derechos de autor de un puente

Nota. La explicación de la nota se escribe en un tamaño de letra 2 puntos menor que el texto principal del trabajo, con doble espacio, sin cursiva y con punto final.

Fuente: Pixabay (s.f.).

Evolución de las Normas APA

Si ya habéis tenido ocasión de trabajar con normas APA en la etapa preuniversitaria, tened en cuenta que APA 6 fue reemplazada por las actuales en octubre de 2019, quizá vuestras primeras prácticas en el uso de estas normas se corresponden con la edición previa, o incluso anteriores.

Como os hemos explicado al inicio, las normas APA van cambiando y ajustándose, por lo que a lo largo de vuestra vida académica y profesional conoceréis nuevas versiones de APA. Aquí os mostramos algunas de las diferencias más significativas en comparación a la versión anterior. Y, recordad que este documento estático no cambiará cuando lo hagan las normas APA, por lo que os recomendamos que sigáis con el Manual Interactivo, además de acceder a los materiales en línea de bibliotecas de referencia como las de la Universitat de Girona o la Universidad Carlos III de Madrid, y/o la página oficial de la American Psychological Association.

Como siempre os decimos en clase, las normas APA no hay que memorizarlas, hay que saber utilizarlas y ponerlas en práctica. De modo que, si hace un tiempo las aprendisteis de memoria, este es un ejercicio para desaprenderlas. Veamos algunas de las diferencias.

Los Enlaces de Identificación de Material Digital [DOI] se Incluyen Directamente con el Localizador Uniforme de Recursos [URL]. La Etiqueta DOI: se Suprime

APA 6

Montalbá, C. y Grau, A. (2023). Gobernanza local y órganos de participación: ¿Espacios de

representación de la diversidad social? *OBETS. Revista de Ciencias Sociales, 18*(1), 155-172.

DOI:10.14198/OBETS

APA 7

Montalbá, C. y Grau, A. (2023). Gobernanza local y órganos de participación: ¿Espacios de

representación de la diversidad social? *OBETS. Revista de Ciencias Sociales, 18*(1), 155-172.

https://revistaobets.ua.es/article/view/21620

La Ubicación Geográfica de la Editorial ya no se Incluye en la Referencia

APA 6

Sánchez-Flores, S. (2024). *Administración social y servicios sociales.* Valencia: Tirant lo Blanch.

APA 7

Sánchez-Flores, S. (2024). *Administración social y servicios sociales.* Tirant lo Blanch.

Referencias[10]

Andem, J. [Julie]. (Directora). (24 de octubre de 2020). Darle al pause (Temporada 4, Episodio 8)

[Episodio de serie de televisión]. *Skam.* Movistar Plus. https://episodioserietv//exemple

American Psychological Association. (2025). *APA Style.* https://apastyle.apa.org/

Barantini, P. [Philip], Feller, E. [Emily], Gardner, D. [Dede], Graham, S. [Stephen], Herbert, M. [Mark],

Kleiner, J. [Jeremy], Pitt, B. [Brad], Thorne, J. [Jack], Walters, H. [Hannah] y Wolarsky, N.

[Nina]. (Productores ejecutivos). (2025). *Adolescencia* [Miniserie de Televisión]. Warp Films;

It's All Made Up Productions; Matriarch Productions; Plan B Entertainment; One Shoe Films.

https://serietelevision//exemple

Barbé, M. J. [María José]. (2020). *Mujeres migradas, empoderamiento y participación social: Un*

análisis feminista a través de trayectorias vitales de mujeres latinoamericanas en la ciudad

de València [Tesis Doctoral, Universitat de València]. RODERIC.

https://hdl.handle.net/10550/76534

Barceló, À. [Àngels]. (Presentadora). (marzo de 2021-presente). *Hoy por hoy* [Podcast de audio].

Cadena Ser. https://cadenaser.com/podcast/cadena-ser/

Barrera, M. [Marcel]. (Director). (2024). *El 47* [película]. The MediaPro Studio; TV3; Telson; RTVE.

Benlloch-Doménech, C. [Cristina] y Barbé-Villarubia, M. J. [María José]. (2020). Movilidad humana:

Una revisión teórica aplicable de los flujos migratorios en España. *FORUM. Revista*

Departamento Ciencia Política, (18), 35-63. https://doi.org/10.15446/frdcp.n18.79873

Berasaluza, A. [Ainhoa] y Fombuena, J. [Josefa]. (Coords.). (2024). *Supervisión: Voces que colaboran*

para super(ar)visiones. Nau Llibres.

Berlanga, M. J. [María Jesús] y Royo, I. [Isabel]. (2024). Cuando el Estado de bienestar no tiene en

cuenta la diversidad cultural: La formación universitaria en competencias interculturales. En

C. [Concha] Pérez-Curiel, R. [Ricardo] Domínguez-García y J. [Jorge] Zarauz-Castro (Coords.),

---

[10] Con el fin de visibilizar la producción científica de las mujeres se ha optado por exponer las referencias de los materiales utilizados con el nombre completo de las autoras y autores en lugar de las iniciales, realizando así una adaptación de las normas APA 7ª edición.

Innovación pedagógica y tecnologías digitales en la docencia de las ciencias sociales (pp. 820-839). Dykinson. https://www.dykinson.com/libros/innovacion-pedagogica-y-tecnologias-digitales-en-la-docencia-de-las-ciencias-sociales/9788410706903/

Botija, M. [Mercedes] y Matamala, E. [Elena]. (Coords.). (2022). *Informe diagnóstico de las personas sin hogar en València, 2021.* Ajuntament de València. https://www.valencia.es/documents/20142/618951/Diagnostico_Censo_PSH_VLC_2021.pdf/3f5a6adf-9aea-b4cf-d7b8-78e1cc08ff61?t=1673954844051

Colegio Oficial de Trabajo Social de Madrid. (31 de marzo de 2025). *Reconocimiento especial a la intervención en grandes emergencias al COTS Valencia* [Archivo de Vídeo]. YouTube. https://www.youtube.com/watch?v=Eeuwdo4Pfvs

Cruz, J. [Javier]. (Presentador). (26 de octubre de 2024). Migración y cambio climático / Joan Lacomba [Episodio de pódcast de audio]. *Hora Cero.* Radio Canaria. https://rtvc.es/hora-cero/

Echevarría, J. E. [Juan E.] (12 de marzo de 2025). *Enhorabuena, una vez más, al equipo multidisciplinar de Atapuerca por este nuevo hallazgo científico y esta nueva aportación* [Comentario en la página web *The Conversation: Rigor académico, oficio periodístico*]. The Conversation. https://theconversation.com/atapuerca-descubre-el-rostro-humano-mas-antiguo-de-europa-occidental-252074#comment_3018661

Garcés, J. [Jorge]. (Ed.). (2024). *Tratado general de trabajo social, servicios sociales y política social* (Vols. 1-3). Tirant humanidades. https://editorial.tirant.com/es/ebook/tratado-general-de-trabajo-social-servicios-sociales-y-politica-social-3-tomos-jorge-garces-ferrer-9788411834711

Grupo de Investigación en Migración y Procesos de Desarrollo de la Universitat de Valencia

(@inmide.bsky.social). (9 de abril de 2025). *#Seminario Internacional "#CrisisClimática y*

#Movilidades en América Latina: Mitos, Avances y Brechas de Conocimiento", en el que

participaremos virtualmente [Post] [Imagen adjunta]. Bluesky.

https://bsky.app/profile/inmide.bsky.social/post/3lmejel4s2224

Lacomba, J. [Joan] y Berlanga, M. J. [María Jesús]. (3 de diciembre de 2024). Así están sufriendo ya

en Marruecos las consecuencias del cambio climático. *The Conversation.*

https://theconversation.com/asi-estan-sufriendo-ya-en-marruecos-las-consecuencias-del-

cambio-climatico-242313

López-Sáez, M. Á. [Miguel Ángel]. (23 de abril de 2025). *Guía práctica para la inclusión de la*

perspectiva de diversidad sexual y de género en la investigación. Universidad Rey Juan Carlos

y Ministerio de Igualdad. https://www.igualdad.gob.es/wp-content/uploads/Guia-Diversidad

-Sexual.pdf

Mas-Coma, S. [Santiago], Artigas P. [Patricio], Cuervo, P. F. [Pablo F.], De Elías-Escribano, A.

[Alejandra], Fantozzi, M. C. [M. Celia], Colangeli, G. [Giulia], Córdoba, Á. [Ángel], Marquez-

Guzman, D. J. [Davis J.], Mas-Bargues, C. [Cristina], Borrás, C. [Consuelo], Pérez-Pérez, P.

[Patricia], Bethencourt-Estrella, C. J. [Carlos J.], Rodríguez-Expósito, R. L. [Rubén L.], Peña-

Prunell, M. D. [Marco D.], Chao-Pellicer, J. [Javier], García-Pérez, O. [Omar], Domínguez de

Barros, A. T. [Angélica T.], García-Ramos, A. [Alma], Sirvent-Blanco C. [Candela], … Bargues

M. D. [M. Dolores]. (2025). Infectious disease risk after the October 2024 flash flood in

Valencia, Spain: Disaster evolution, strategic scenario analysis, and extrapolative baseline for

a One Health assessment. *One Health, 21*(article 101093), 1-24.

https://doi.org/10.1016/j.onehlt.2025.101093

Matamala, E. [Elena]. (2019). *Sinhogarismo de larga duración: Trayectorias vitales e intervención*

institucional. Investigación aplicada a la ciudad de Valencia [Tesis doctoral, Universidad de

Valencia]. RODERIC. https://roderic.uv.es/items/697bf9a4-c751-4828-8cf5-816b3f360cfa

Midjourney. (2023). *Midjourney* (versión 6) [Transformador de modelos de lenguaje a imagen].

https://www.midjourney.com/home

Ministerio de Derechos Sociales y Agenda 2030. (2 de noviembre de 2021*). Estrategia nacional para

la igualdad, inclusión y participación del Pueblo Gitano 2021-2030*. Gobierno de España.

https://www.dsca.gob.es/es/derechos-sociales/poblacion-gitana/estrategia-

nacional/estrategia-igualdad-inclusion-participacion-pueblo-gitano-2021-2030

Montalbá, C. [Carmen] y Grau, A. [Arantxa]. (2023). Gobernanza local y órganos de participación:

¿Espacios de representación de la diversidad social? *OBETS. Revista de Ciencias Sociales,*

18(1), 155-172. https://doi.org/10.14198/obets.21620

Navarro, B. [Belén]. (1 de abril de 2025). Dolor y miedo. *Trabajo Social y tal.*

https://trabajosocialytal.com/2025/04/dolor-y-miedo

OpenAI. (2024). *Sora* (versión diciembre) [Transformador de modelos de texto a imagen o vídeo].

https://sora.chatgpt.com/

OpenAI. (2025). *ChatGPT* (versión del 14 de abril) [Modelo de lenguaje de gran tamaño].

https://chat.openai.com/chat

Peñalver, P. [Pablo]. (25 de marzo de 2023). *Inteligencia Artificial Generativa en FP* [Diapositiva de

PowerPoint]. I Congreso de Digitalización Educativa de Castilla-La Mancha.

https://congresodigedu.castillalamancha.es/sites/default/files/2023-

03/3_Pablo%20Peñalver.pdf

Pereira-García, S. [Sofía], Ruiz-Gil, T. [Tania] y Vázquez-Cañete, A. [Ana]. (17-19 de abril de 2024). *¿Es*

el ChatGPT un aliado? Potenciales beneficios y riesgos en la práctica del Trabajo Social

[Comunicación oral]. V Congreso Internacional del Trabajo Social, Facultad de Estudios

Sociales y del Trabajo, Universidad de Málaga, España.

Perplexity. (2025). *Perplexity* (versión de marzo) [Modelo de lenguaje de gran tamaño].

https://www.perplexity.ai

Prades-Caballero, V. [Virginia], Navarro-Pérez, J. J. [José Javier] y Carbonell, Á. [Ángela]. (2024).

Factors associated with suicidal behavior in adolescents: An umbrella review using the socio-

ecological model. *Community Mental Health Journal, 60*(8), 1492–1508.

https://doi.org/10.1007/s10597-024-01368-2

Real Academia de la Lengua. (s.f.). Video o vídeo. En *Diccionario panhispánico de dudas*. Recuperado

el 30 de junio de 2025, de https://www.rae.es/dpd/video

Romero, A. [Amaia]. (2025). Tocotó [Canción]. *Si abro los ojos no es real.* Universal Music Group.

https://cancion//exemple

Ruiz-Gil, T. [Tania], Sáenz-Macana, A. [Angélica] y Gil-Quintana, J. [Javier]. (2022). Participación del

alumnado LGTBI+ de la Universitat de València en la actividad físico-deportiva: Una

aproximación desde la perspectiva del trabajo social. *Arxius de Ciències Socials*, (46), 37–50.

https://turia.uv.es/index.php/arxius/issue/view/1779

Ruiz-Gil, T. [Tania] y Ródenas-Rigla, F. [Francisco]. (2023). Quality of care in pediatric palliative care:

A scoping review. *Children, 10*(12), 1922. https://doi.org/10.3390/children10121922

Salem, M. [Mohammed]. (2024). *Una mujer palestina abraza el cuerpo de su sobrina* [Fotografía].

Reuters. https://fotografia//exemple

Sánchez-Flores, S. [Susana]. (2024). *Administración social y servicios sociales.* Tirant lo Blanch.

Sánchez, C. [Carlos]. (8 de febrero de 2019). *Normas APA – 7ma (séptima) edición.* Normas APA (7ma

edición). https://normas-apa.org/

Sindicatura de Greuges de Barcelona. (2020). *El sinhogarismo en la ciudad de Barcelona.*

https://www.sindicaturabarcelona.cat/wp-content/uploads/2020/11/sensellar.es_.pdf

Universidad Carlos III de Madrid-Biblioteca. (7 de abril de 2025). *Guía temática sobre citas*

bibliográficas UC3M: APA 7ª edición.

https://uc3m.libguides.com/guias_tematicas/citas_bibliograficas/APA

Universitat de Girona. (septiembre de 2024). *Estil APA.* https://biblioteca.udg.edu/ca/com-citar-

documents/estil-apa

Universitat de València. (s.f.). *Inicio* [Página de Facebook]. Facebook. Recuperado el 8 de mayo de

2025, de https://www.facebook.com/share/17gQCACGw8/?mibextid=wwXlfr

Universitat de València. (3 de junio de 2025). *AppUV* (7.21.5) [Aplicación móvil Android]. Google Play

Store. https://play.google.com/store/apps/details?id=net.universia.uv&hl=es

Universitat de València. (26 de junio de 2025). *AppUV* (7.21.7) [Aplicación móvil iOS]. App Store.

https://apps.apple.com/es/app/universitat-de-val%C3%A8ncia/id1601173273

Vázquez-Cañete, A. I. [Ana Isabel], Belda-Miquel, S. [Sergio], Sigalat Signes, E. [Enric] y Mut-

Montalvà, E. [Elena]. (2023). Sostenibilidad y ODS en el Grado en Trabajo Social: Análisis y

propuestas formativas para la transformación social. En E. [Elena] Martínez García y V.

[Victoria] Vázquez Verdera (Eds.), *Sostenibilización curricular de las universidades en el

marco de la Agenda 2030 de las Naciones Unidas* (pp. 290-310). Tirant Humanidades.

Vicente, E. [Emiliana]. (21 de noviembre de 2024). *El Trabajo Social en el Tercer Sector.* Consejo

General de Trabajo Social. https://www.youtube.com/watch?v=1ds6wNvci2s

Apéndice: Partes de un Trabajo Académico Siguiendo Normas APA 7ª Edición

Portada (según las normas APA, la portada difiere entre trabajos realizados por estudiantado y los elaborados por profesionales). **Agradecimientos** (pueden ir en la portada como nota de la autora o el autor, en la parte inferior de la página). También se pueden ubicar en una nueva página, inmediatamente detrás de la portada. Los agradecimientos no son obligatorios y se recomiendan solo para trabajos académicos de niveles superiores.

Tabla de Contenidos. Podéis consultarla en este mismo documento para ver cómo se aplica. Según normas APA, no es un elemento obligatorio.

Si decidís incluirla, debe seguir el orden de jerarquía de títulos establecido por APA, sin incluir numeraciones. Como mínimo, debéis indicar el número de página en el que comienza cada título de nivel 1 del cuerpo del trabajo.

Para facilitar su elaboración, podéis adaptar alguna de las plantillas predeterminadas que ofrecen los procesadores de texto, ajustándola a las normas APA.

Secciones del Cuerpo del Trabajo. A continuación, os presentamos de forma general los principales contenidos que deberían incluir vuestros trabajos académicos. Como estáis iniciándoos en vuestro grado universitario, es normal que las secciones de los trabajos se vayan ajustando según los resultados de aprendizaje de cada curso.

Resumen/Abstract

Debéis valorar si procede incluir un resumen de vuestro trabajo; un trabajo corto no lo requiere. Cuando consideréis que vuestros trabajos ya tienen una consistencia en el uso de materiales propiamente académicos, será el momento adecuado para incorporar esta presentación breve, tanto en castellano como en inglés. Para ello, seguid las indicaciones actualizadas de las normas APA: se escribe en una página nueva; se rotula en nivel 1 (jerarquía de título); la primera línea de párrafo sin sangría; todo el resumen escrito en un único párrafo; y, por último, palabras clave, que se rotula en nivel 2 y se inicia con sangría a 1,27 cm.

Texto Principal

Iniciad con título de nivel 1, escribiendo el título completo del trabajo que se presenta (mantened el mismo título que en la portada). En esta nueva primera página empezáis a desarrollar la introducción, pero no debéis rotularla como introducción. Se entiende que todo trabajo presentado siguiendo normas APA 7ª edición empieza por la introducción, por lo que no debe especificarse como un nivel propiamente. Desde este momento, todos los párrafos, incluida la introducción, inician con sangría a 1,27 cm.

Cuando continuéis con otro nivel 1 (por ejemplo: Antecedentes, Objetivos, Marco Teórico, etcétera) ya no debéis iniciar una nueva página. Todo el documento se desarrolla de forma seguida, dejando solo el doble espacio entre el último párrafo y el siguiente título del nivel que corresponda.

No obstante, si vuestra profesora no ha dado ninguna indicación concreta sobre esto, conviene que le preguntéis. Con frecuencia, el profesorado, por motivos de claridad expositiva, prefiere que cada sección de nivel 1 comience en una nueva página, aunque APA en su séptima edición no lo recoge.

Referencias

Iniciad con un título de nivel 1 escribiendo Referencias. Recordad que todos los materiales citados a lo largo del trabajo deben contar con su correspondiente entrada en esta sección.

Bibliografía

Iniciad con un título nivel 1 escribiendo Bibliografía. Este apartado se utiliza en trabajos académicos de niveles superiores, cuando ya se ha manejado, a lo largo de los años, textos que pueden no aparecer en las citas, pero han sido parte de la formación especializada como autoras del trabajo. Se pueden incluir notas descriptivas de materiales, si se considera relevante. Esta sección no es obligatoria.

Notas a Pie de Página o Notas al Final

Las notas a pie de página pueden estar recogidas a lo largo del texto, exactamente como su propio nombre indica.

También podéis enumerar las notas mandándolas a una página nueva que se coloca después de la lista de referencias y se rotula como Notas al Final.

Tablas

Como ya os hemos explicado en el apartado correspondiente, las tablas pueden incorporarse a lo largo del texto (incrustadas). Pero también pueden colocarse al final, en una página nueva que irá después de Notas al Final, si las hubiera. En cualquier caso, deben ir siempre después de la sección Referencias o Bibliografía, si esta última procede.

Recordad que, en el cuerpo del trabajo, debéis hacer referencia a cada tabla en el párrafo correspondiente, indicando claramente a cuál os estáis refiriendo en cada momento.

Figuras

Aplicad la misma lógica que para las Tablas. La sección de Figuras debe iniciarse en una nueva página y colocarse detrás de Tablas, si las hay. En caso contrario, proceded como en Tablas.

Apéndice o Apéndices

Aquí lo tenéis. Como veis es la última sección de vuestro trabajo. Se utiliza para anexar información complementaria que sea relativamente breve y que pueda presentarse en formato impreso. Si tenéis varios apéndices, los podéis nombrar por letras en orden alfabético: Apéndice A, Apéndice B, etcétera.

Parte II

Prácticas y Ejemplos de Normas APA

Práctica 1: Corrección de Errores APA en un Texto

Instrucciones

1. Dividíos en grupos y trabajad el texto adjunto, titulado "Proyecto Red en Salud".

2. Identificad los errores de formato y citación que contiene el documento. Modificadlo señalando

las correcciones en color rojo.

1. PROYECTO RED EN SALUD

1.1. Contextualización

El acceso de la población indígena a los servicios sanitarios es insuficiente, una realidad que Eroza-Solana y Carrasco-Gómez atribuyen a varios factores de carácter estructural (2020). En este sentido, se destaca el aislamiento geográfico, la escasez de recursos materiales y económicos, la falta de infraestructura y medios de transporte, las condiciones climáticas adversas y los conflictos e inseguridad. Además, los autores subrayan las barreras burocráticas inherentes a un sistema sanitario fragmentado como el mexicano, donde cada institución define a quién atiende en función del organismo al cual esté afiliada la persona enferma (Eroza et al.,2020).

Todos los motivos señalados, sumado a las diferencias culturales existentes sobre el significado de la salud y la enfermedad, y de la propia concepción del cuerpo, refuerzan la preferencia de la medicina tradicional indígena sobre la medicina convencional (Eroza y Carrasco, 2020).

El derecho a la salud en las comunidades indígenas se ve sistemáticamente vulnerado desde las propias instituciones, lo cual implica una profunda desigualdad en comparación con el resto de la población no indígena. Todo esto ha producido la asociación del propio pueblo, llegando a crear una Red propia de Promotores de Salud y Comadronas, quienes actualmente son "las figuras principales encargadas de la atención a la salud en la zona" (Meneses-Navarro et al, 2020, p.11). Esta organización ha conseguido la generación de canales de comunicación para la provisión de medicamentos, vacunas, etc. desde una posición horizontal, dejando atrás la subordinación, y convirtiéndose así en los sujetos activos y demandantes de derechos. Sin embargo, los recursos y la atención en el ámbito de la salud en este territorio continúan siendo insuficientes (Aguilar-Estrada, A. E., Caamal-Cahuich, I., y Ortiz-Rosales, M. Á., 2018).

Imagen 1. Mujeres en lucha

Fuente: Pixabay (s.f.).

Toda esta situación ha empeorado con la pandemia de la COVID-19. La población indígena ha desarrollado sentimientos de desconfianza y miedo hacia el personal sanitario, al contagio del virus y a la vacuna, teniendo como consecuencia el blindaje de las comunidades. Además, las restricciones al movimiento y otras medidas para la contención del virus han dificultado todavía más el acceso a los servicios de salud (CONEVAL, 2021).

Teniendo en cuenta todo lo anterior, y partiendo desde el respecto a la autonomía y preferencias de las personas indígenas sobre cómo desean recibir la atención sanitaria, se propone un proyecto en colaboración con las asociaciones locales para la promoción de la salud de la población indígena de la zona. Para lo cual, se buscará la mejora de la comunicación entre la población indígena y las instituciones sanitarias estatales, por un lado, y por otra se dotará de herramientas e instrumentos a los agentes de salud de las propias comunidades con el fin de eliminar las barreras existentes en la atención a la salud de este grupo poblacional, con especial atención a la perspectiva de género (Armando Haro, 2020).

1.2. Comadronas y curanderas tradicionales como agentes comunitarios de salud

Se parte desde el conocimiento de la existencia de figuras de referencia en el ámbito de la salud en las propias comunidades indígenas. Las comadronas y curanderas tradicionales realizan tareas de acompañamiento, prevención y curación de enfermedades, y sus conocimientos y métodos son valorados por el propio pueblo (Haro, J. A., 2020). En palabras de Eroza (p.9):

"La mejor manera de promover la salud en estas comunidades es mediante el intercambio de conocimientos con estas figuras de referencia, capacitándolos de herramientas e instrumentos para una mejor atención a la salud. Se complementarían así, métodos tradicionales con instrumentos y medicamentos convencionales (Eroza, Carrasco, 2020)."

Esta propuesta busca el empoderamiento de la mujer, poniendo en valor el papel de las comadronas como líderes comunitarias y referentes para otras mujeres indígenas, y como personal cualificado para atender la salud de sus poblaciones (demostrando sus capacidades hacia el exterior de la comunidad). También permitirá que las mujeres indígenas que lo requieran (no necesariamente embarazadas o durante el puerperio), sean tratadas por otras mujeres. Así mismo, se aprovecha el potencial de los y las agentes de salud en los cuales la comunidad confía y se busca conseguir un trato digno de las personas indígenas teniendo en cuenta su cosmovisión.

2. Referencias bibliográficas

Aguilar-Estrada, A. E., Caamal-Cahuich, I., y Ortiz-Rosales, M. Á. (2018). Pobreza multidimensional en Chiapas: generalizada pero heterogénea. LiminaR, 16(2), 105-117. https://www.scielo.org.mx/pdf/liminar/v16n2/2007-8900-liminar-16-02-105.pdf

Haro, J. A. (19 de mayo de 2020). Los pueblos indígenas de México ante la pandemia Covid-19. *Pensar la pandemia. Observatorio social del coronavirus*. CLACSO. https://www.clacso.org/los-pueblos-indigenas-de-mexico-ante-la-pandemia-covid-19/

Consejo Nacional de Evaluación de la Política de Desarrollo Social. (5 de agosto de 2021). Estimaciones de pobreza multidimensional 2018 y 2020. https://www.coneval.org.mx/SalaPrensa/Comunicadosprensa/Documents/2021/COMUNICADO_009_MEDICION_POBREZA_2020.pdf

Eroza-Solana, E., y Carrasco-Gómez, M. (2020). La interculturalidad y la salud: reflexiones desde la experiencia. LiminaR, 18(1), 112-128. http://dx.doi.org/10.29043/liminar.v18i1.725

Meneses-Navarro, S., Pelcastre-Villafuerte, B. E., Bautista-Ruiz, Ó. A., Toledo-Cruz, R. J., de la Rosa-Cruz, S. A., Alcalde-Rabanal, J., y de los Ángeles, J. (2021). Innovación pedagógica para mejorar la calidad del trato en la atención de la salud de mujeres indígenas. *Salud Pública de México, 63*(1), 51-59. https://doi.org/10.21149/11362

X. PROYECTO RED EN SALUD

X.1. Contextualización

El acceso de la población indígena a los servicios sanitarios es insuficiente, una realidad que Eroza-Solana y Carrasco-Gómez atribuyen a varios factores de carácter estructural (2020). En este sentido, se destaca el aislamiento geográfico, la escasez de recursos materiales y económicos, la falta de infraestructura y medios de transporte, las condiciones climáticas adversas y los conflictos e inseguridad. Además, los autores subrayan las barreras burocráticas inherentes a un sistema sanitario fragmentado como el mexicano, donde cada institución define a quién atiende en función del organismo al cual esté afiliada la persona enferma (Eroza et al., 2020).

Todos los motivos señalados, sumado a las diferencias culturales existentes sobre el significado de la salud y la enfermedad, y de la propia concepción del cuerpo, refuerzan la preferencia de la medicina tradicional indígena sobre la medicina convencional (Eroza y Carrasco, 2020).

El derecho a la salud en las comunidades indígenas se ve sistemáticamente vulnerado desde las propias instituciones, lo cual implica una profunda desigualdad en comparación con el resto de la población no indígena. Todo esto ha producido la asociación del propio pueblo, llegando a crear una Red propia de Promotores de Salud y Comadronas, quienes actualmente son "las figuras principales encargadas de la atención a la salud en la zona" (Meneses-Navarro et al, 2020, p.1). Esta organización ha conseguido la generación de canales de comunicación para la provisión de medicamentos, vacunas, etc. desde una posición horizontal, dejando atrás la subordinación, y convirtiéndose así en los sujetos activos y demandantes de derechos. Sin embargo, los recursos y la atención en el ámbito de la salud en este territorio continúan siendo insuficientes (Aguilar-Estrada, A. E., Caamal-Cahuich, I., y Ortiz-Rosales, M. Á., 2018).

Imagen 1. Mujeres en lucha

Fuente: Pixabay (s.f.).

Toda esta situación ha empeorado con la pandemia de la COVID-19. La población indígena ha desarrollado sentimientos de desconfianza y miedo hacia el personal sanitario, al contagio del virus y a la vacuna, teniendo como consecuencia el blindaje de las comunidades. Además, las restricciones al movimiento y otras medidas para la contención del virus han dificultado todavía más el acceso a los servicios de salud (CONEVAL, 2021).

Teniendo en cuenta todo lo anterior, y partiendo desde el respecto a la autonomía y preferencias de las personas indígenas sobre cómo desean recibir la atención sanitaria, se propone un proyecto en colaboración con las asociaciones locales para la promoción de la salud de la población indígena de la zona. Para lo cual, se buscará la mejora de la comunicación entre la población indígena y las instituciones sanitarias estatales, por un lado, y por otra se dotará de herramientas e instrumentos a los agentes de salud de las propias comunidades con el fin de eliminar las barreras existentes en la atención a la salud de este grupo poblacional, con especial atención a la perspectiva de género (Armando Haro, 2020)

⚹. Comadronas y curanderas tradicionales como agentes comunitarios de salud

Se parte desde el conocimiento de la existencia de figuras de referencia en el ámbito de la salud en las propias comunidades indígenas. Las comadronas y curanderas tradicionales realizan tareas de acompañamiento, prevención y curación de enfermedades, y sus conocimientos y métodos son valorados por el propio pueblo (Haro, J. A., 2020) En palabras de Eroza (p.9):

La mejor manera de promover la salud en estas comunidades es mediante el intercambio de conocimientos con estas figuras de referencia, capacitándolos de herramientas e instrumentos para una mejor atención a la salud. Se complementarían así, métodos tradicionales con instrumentos y medicamentos convencionales (Eroza, Carrasco, 2020)

Esta propuesta busca el empoderamiento de la mujer, poniendo en valor el papel de las comadronas como líderes comunitarias y referentes para otras mujeres indígenas, y como personal cualificado para atender la salud de sus poblaciones (demostrando sus capacidades hacia el exterior de la comunidad). También permitirá que las mujeres indígenas que lo requieran (no necesariamente embarazadas o durante el puerperio), sean tratadas por otras mujeres. Así mismo, se aprovecha el potencial de los y las agentes de salud en los cuales la comunidad confía y se busca conseguir un trato digno de las personas indígenas teniendo en cuenta su cosmovisión.

Referencias bibliográficas

Aguilar-Estrada, A. E., Caamal-Cahuich, I. y Ortiz-Rosales, M. Á. (2018). Pobreza multidimensional en Chiapas: generalizada pero heterogénea. LiminaR, 16(2), 105-117. https://www.scielo.org.mx/pdf/liminar/v16n2/2007-8900-liminar-16-02-105.pdf

Haro, J. A. (19 de mayo de 2020). Los pueblos indígenas de México ante la pandemia Covid-19. Pensar la pandemia. Observatorio social del coronavirus. CLACSO. https://www.clacso.org/los-pueblos-indigenas-de-mexico-ante-la-pandemia-covid-19/

Consejo Nacional de Evaluación de la Política de Desarrollo Social. (5 de agosto de 2021). Estimaciones de pobreza multidimensional 2018 y 2020 https://www.coneval.org.mx/SalaPrensa/Comunicadosprensa/Documents/2021/COMUNICADO_009_MEDICION_POBREZA_2020.pdf

Eroza-Solana, E. y Carrasco-Gómez, M. (2020). La interculturalidad y la salud: reflexiones desde la experiencia. LiminaR, 18(1), 112-128. http://dx.doi.org/10.29043/liminar.v18i1.725

Meneses-Navarro, S., Pelcastre-Villafuerte, B. E., Bautista-Ruiz, Ó. A., Toledo-Cruz, R. J., de la Rosa-Cruz, S. A., Alcalde-Rabanal, J. y de los Ángeles, J. (2021). Innovación pedagógica para mejorar la calidad del trato en la atención de la salud de mujeres indígenas. Salud Pública de México, 63(1), 51-59. https://doi.org/10.21149/11362

Solución

En esta práctica habéis podido observar muchos de los errores que fácilmente podemos cometer y que suelen pasarnos desapercibidos. Por ejemplo, el uso de niveles en la jerarquía de títulos (formato), el uso de las citas y de las referencias.

En las referencias no sólo es importante tomar nota de todos los elementos necesarios, sino también comprobar que la cita es correcta en todas sus partes (autoría y número de página, cuando procede). Y, por supuesto, el listado de referencias siempre debe estar en orden alfabético.

Vosotras y vosotros habréis anotado en rojo otras cuestiones de formato que, ahora también, os introducimos en la versión corregida de la práctica: interlineado doble en todo el documento, sin espacios adicionales; todo el texto alineado sólo a la izquierda; sangría de 1,27 cm en el inicio de la primera línea de cada párrafo; la sangría francesa en la lista de referencias; y los ajustes de tamaño de letra, título y fuente en la imagen.

A continuación, encontraréis el texto completamente corregido para que podáis identificar con claridad la corrección de todos los errores señalados anteriormente.

Proyecto Red en Salud

Contextualización

El acceso de la población indígena a los servicios sanitarios es insuficiente, una realidad que Eroza-Solana y Carrasco-Gómez (2020) atribuyen a varios factores de carácter estructural. En este sentido, se detecta el aislamiento geográfico, la escasez de recursos materiales y económicos hoy la falta de infraestructuras y medios de transporte, las condiciones climáticas adversas y los conflictos e inseguridad. Además, hoy los autores subrayan las barreras burocráticas inherentes a un sistema sanitario fragmentado como el mexicano, donde cada institución define a quién atiende en función del organismo al cual esté afiliada la persona enferma (Eroza-Solana y Carrasco-Gómez, 2020).

Todos los motivos señalados, sumado a las diferencias culturales existentes sobre el significado de la salud y la enfermedad, y de la propia concepción del cuerpo, refuerzan la preferencia de la medicina tradicional indígena sobre la medicina convencional (Eroza-Solana y Carrasco-Gómez, 2020).

El derecho a la salud en las comunidades indígenas se ve sistemáticamente vulnerado desde las propias instituciones, lo cual implica una profunda desigualdad en comparación con el resto de la población no indígena. Todo esto ha producido la asociación del propio pueblo, llegando a crear una Red propia de Promotores de Salud y Comadronas, quienes actualmente son "las figuras principales encargadas de la atención a la salud en la zona" (Meneses-Navarro et al., 2020, p. 56). Esta organización ha conseguido la generación de canales de comunicación para la provisión de medicamentos, vacunas, etc. desde una posición horizontal, dejando atrás la subordinación, y convirtiéndose así en los sujetos activos y demandantes de derechos. Sin embargo, los recursos y la atención en el ámbito de la salud en este territorio continúan siendo insuficientes (Aguilar-Estrada et al., 2018).

Imagen 1.

Mujeres en lucha

Fuente: Pixabay (s.f.).

Toda esta situación ha empeorado con la pandemia de la COVID-19. La población indígena ha desarrollado sentimientos de desconfianza y miedo hacia el personal sanitario, al contagio del virus y a la vacuna, teniendo como consecuencia el blindaje de las comunidades. Además, las restricciones al movimiento y otras medidas para la contención del virus han dificultado todavía más el acceso a los servicios de salud (Consejo Nacional de Evaluación de la Política de Desarrollo Social [CONEVAL], 2021).[11]

Teniendo en cuenta todo lo anterior, y partiendo desde el respeto a la autonomía y preferencias de las personas indígenas sobre cómo desean recibir la atención sanitaria, hoy se propone un proyecto en colaboración con las asociaciones locales para la promoción de la salud de la población indígena de la zona. Para lo cual, se buscará la mejora de la comunicación entre la población indígena y las instituciones sanitarias estatales, por un lado, y por otra se dotará de herramientas e instrumentos a los agentes de salud de las propias comunidades con el fin de eliminar las barreras existentes en la atención a la salud de este grupo poblacional, con especial atención a la perspectiva de género (Haro, 2020).

---

[11] Perdonad la licencia, pero el uso de la abreviatura, en este caso, es solo a modo de ejemplificación para que podáis entender cómo utilizarla. De forma estricta, APA 7ª edición nos indica que solo se pueden utilizar abreviaturas cuando el organismo aparece al menos tres veces en el texto.

Comadronas y Curanderas Tradicionales como Agentes Comunitarios de Salud

Se parte desde el conocimiento de la existencia de figuras de referencia en el ámbito de la salud en las propias comunidades indígenas. Las comadronas y curanderas tradicionales realizan tareas de acompañamiento, prevención y curación de enfermedades, y conocimientos y métodos son valorados por el propio pueblo (Haro, 2020). En palabras de Eroza-Solana y Carrasco-Gómez (2020):

La mejor manera de promover la salud en estas comunidades es mediante el intercambio de conocimientos con estas figuras de referencia, capacitándolos de herramientas e instrumentos para una mejor atención a la salud. Se complementarían así, métodos tradicionales con instrumentos y medicamentos convencionales. (p. 9)

Esta propuesta busca el empoderamiento de la mujer, poniendo en valor el papel de las comadronas como líderes comunitarias y referentes para otras mujeres indígenas, y como personal cualificado para atender la salud de sus poblaciones (de sus capacidades hacia el exterior de la comunidad). También permitirá que las mujeres indígenas que lo requieran (no necesariamente embarazadas o durante el puerperio), sean tratadas por otras mujeres. Así mismo, se aprovecha el potencial de los y las agentes de salud en los cuales la comunidad confía y se busca conseguir un trato digno de las personas indígenas teniendo en cuenta su cosmovisión.

Referencias

Aguilar-Estrada, A. E., Caamal-Cahuich, I. y Ortiz-Rosales, M. Á. (2018). Pobreza multidimensional en

Chiapas: generalizada pero heterogénea. *LiminaR, 16*(2), 105-117.

https://www.scielo.org.mx/pdf/liminar/v16n2/2007-8900-liminar-16-02-105.pdf

Consejo Nacional de Evaluación de la Política de Desarrollo Social. (5 de agosto de 2021).

Estimaciones de pobreza multidimensional 2018 y 2020.

https://www.coneval.org.mx/SalaPrensa/Comunicadosprensa/Documents/2021/COMUNICA

DO_009_MEDICION_POBREZA_2020.pdf

Eroza-Solana, E. y Carrasco-Gómez, M. (2020). La interculturalidad y la salud: reflexiones desde la

experiencia. *LiminaR, 18*(1), 112-128. http://dx.doi.org/10.29043/liminar.v18i1.725

Haro, J. A. (19 de mayo de 2020). Los pueblos indígenas de México ante la pandemia Covid-19.

Pensar la pandemia. Observatorio social del coronavirus. CLACSO.

https://www.clacso.org/los-pueblos-indigenas-de-mexico-ante-la-pandemia-covid-19/

Meneses-Navarro, S., Pelcastre-Villafuerte, B. E., Bautista-Ruiz, Ó. A., Toledo-Cruz, R. J., de la Rosa-

Cruz, S. A., Alcalde-Rabanal, J. y de los Ángeles, J. (2021). Innovación pedagógica para

mejorar la calidad del trato en la atención de la salud de mujeres indígenas. *Salud Pública de

México, 63*(1), 51-59. https://doi.org/10.21149/11362

Práctica 2: Elaboración de una Página de Referencias en Formato APA

Instrucciones

1. Identificad el tipo de cada referencia (libro, capítulo de libro, artículo científico o página web).

2. Aplicad las normas APA (7ª edición) para elaborar la página de referencias con el formato adecuado. Todas las referencias proporcionadas contienen la información necesaria para su correcta citación.

3. Ordenad las referencias alfabéticamente por el apellido de la primera autora o autor.

- En 2022, Joan Olmos escribió *Trabajo social y sostenibilidad ambiental*, publicado por la Universitat de València.

- Pilar Blasco López y Carles Pérez Ferrer son los autores de "Educación intercultural y trabajo social", en las páginas 33-45 del libro *Trabajo social, educación y multiculturalidad*, publicado por Publicaciones de la Universidad de Alicante en 2019 y coordinado por Anna Sánchez Vives.

- En el volumen 15, número 2 de la revista *Quaderns de Treball Social*, publicado en 2020, se encuentra el artículo de Maria Ferrer y Lluís González titulado "El impacto del voluntariado en las políticas sociales valencianas". Este artículo abarca las páginas 113 a 129.

- El 4 de noviembre de 2024, se publicó en el diario digital elDiario.es un artículo firmado por Emma Sopeña, titulado "Valencia: las viviendas se ahogan", disponible en la URL: https://t.me/eldiariocv/5432

- La editorial Bromera publicó en 2018 el libro *Políticas sociales en tiempos de crisis*, escrito por Josep Alapont y coordinado por Marta Segura. En este documento, en las páginas 55-68, Marta Gómez Ferrer escribió el capítulo titulado "El futuro del trabajo social: retos y oportunidades".

Solución

Referencias

Blasco, P. y Pérez, C. (2019). Educación intercultural y trabajo social. En A. Sánchez (Coord.), *Trabajo social, educación y multiculturalidad* (pp. 33-45). Publicaciones de la Universidad de Alicante.

Ferrer, M. y González, L. (2020). El impacto del voluntariado en las políticas sociales valencianas. *Quaderns de Treball Social, 15*(2), 113-129.

Gómez, M. (2018). El futuro del trabajo social: retos y oportunidades. En M. Segura (Coord.), *Políticas sociales en tiempos de crisis* (pp. 55-68). Bromera.

Olmos, J. (2022). *Trabajo social y sostenibilidad ambiental*. Universidad de Valencia.

Sopeña, E. (4 de noviembre de 2024). Valencia: las viviendas se ahogan. *elDiario.es.* https://t.me/eldiariocv/5432

VERSIÓ EN VALENCIÀ

Taula de Contingut[1]

---

[1] També podem utilitzar la veu índex.

PART I

PRINCIPIS BÀSICS DE LES NORMES APA

Introducció

Per què Utilitzar les Normes APA

En l'àmbit acadèmic i científic, els resultats d'investigació no sols es produeixen per a resoldre preguntes específiques, sinó també per a ser compartits amb la comunitat científica. Aquest procés de transferència de coneixement permet que les troballes i anàlisis, tant d'èxits com de fracassos, es convertisquen en punts de partida per a investigacions futures. La literatura científica, per tant, s'enriqueix contínuament amb diverses perspectives i anàlisis, fet que permet un diàleg constant entre investigadores i comunitats acadèmiques.

L'ús de la literatura científica en els treballs acadèmics té múltiples beneficis. No sols és un criteri d'avaluació que garanteix la qualitat del treball, sinó que també assegura que la vostra aportació es construïsca sobre bases sòlides i s'integre com una contribució valuosa a la vostra àrea d'estudi.

Les normes creades per l'American Psychological Association, conegudes pel seu acrònim APA, són un conjunt de pautes estandarditzades dissenyades per a citar documents en Ciències Socials i àrees afins. Aquestes normes faciliten l'organització, claredat i coherència en la presentació de treballs acadèmics, de manera que qualsevol persona puga seguir, analitzar i validar el procés d'investigació. A més, és important recordar que les normes APA no són estàtiques; han evolucionat amb el temps i continuaran adaptant-se als canvis en l'àmbit acadèmic. Per això, sempre és recomanable consultar els manuals oficials de les normes APA per a assegurar-se de complir els formats i criteris actualitzats.

Hem organitzat el document en seccions que cobreixen des dels principis bàsics de les normes APA fins als detalls específics sobre com citar i referenciar fonts en els vostres treballs. Cada secció inclou exemples pràctics i consells útils perquè pugueu aplicar correctament les normes en els treballs acadèmics i en l'examen.

Aquests apunts no pretenen ser un manual que substituïsca els materials autoritzats per l'American Psychological Association, ja que no preveuen la immensa casuística que recull l'APA. Us convidem a consultar el manual complet en anglès en https://apastyle.apa.org i també la seua versió en castellà en https://normas-apa.org/, per a elaborar els vostres pròxims treballs acadèmics.

A més, recordeu que les indicacions proporcionades pel vostre professorat per als treballs acadèmics sempre prevalen, ja que compten amb l'autonomia docent i pedagògica per a realitzar les adaptacions de format i estructura que consideren oportunes. De la mateixa manera, quan exerciu com a professionals i publiqueu els vostres treballs, comprovareu que cada revista, editorial, plataforma d'accés obert, repositori de dades, entre altres, adapta la seua guia d'estil atenent les pròpies característiques.

Tingueu en compte que, en aquest procés d'aprenentatge, és fonamental que reconegueu la importància d'aplicar unes normes d'estil estandarditzades. D'una banda, aquestes normes faciliten formes de citació des d'un ús acadèmic i ètic, així com a explicitar correctament les vostres fonts en la pàgina de referències. Les normes APA seran l'instrument que us acompanyarà en l'àmbit de les Ciències Socials a partir d'ara.

Adaptació al Valencià

Com ja sabeu, les normes APA tenen caràcter internacional, però el seu context és exclusivament anglòfon, la qual cosa provoca discordances amb altres idiomes com el valencià o el castellà. Per això cal adaptar-les per a harmonitzar el seu ús normatiu en valencià i en castellà. Ens referim a l'ús de majúscules, minúscules, dates, símbols, etcètera. La taula següent mostra algunes de les adaptacions imprescindibles.

Taula 1

Introducció general de l'adaptació al valencià de les normes APA

Adaptació al valencià
(Ruiz-Gil i Ródenas-Rigla, 2023)
Ruiz-Gil, T. i Ródenas-Rigla, F.
(13 de desembre de 2023)
(3a ed.)

En el cas de la pàgina de referències, quan s'utilitzen materials escrits en altres idiomes només s'adaptarà la part que indica els cognoms i inicial de les autores i la data quan és completa. En valencià no s'ha de fer ús del símbol *ampersand* acompanyat d'una coma, sinó que cal substituir-los per la conjunció "i" (per exemple, en lloc de posar Ruiz-Gil, T., & Ródenas-Rigla, F., s'escriu Ruiz-Gil, T. i Ródenas-Rigla, F.), mantenint en l'idioma original el títol i la font de la referència.

Marges i Format del Document

Per a complir els estàndards de presentació en treballs acadèmics, és important seguir un format uniforme que facilite la lectura i avaluació del contingut. A continuació, es detallen els aspectes clau de format que han d'aplicar-se en els documents.

Format General

En els documents acadèmics, aplicar un format adequat que en facilite la lectura i la comprensió és fonamental. En aquest sentit, és important tenir en compte aspectes com els marges, la sagnia, l'interlineat i l'alineació del text.

Tots els **marges** del document han de ser de 2,54 cm en els quatre costats: superior, inferior, esquerre i dret . Aquest format assegura una presentació uniforme i professional.

El **número de pàgina** ha de col·locar-se al cantó superior dret, utilitzant xifres aràbigues (1, 2, 3, ...). La numeració ha de començar en la portada o primera pàgina del document.

La primera línia de cada paràgraf del text i de les notes a peu de pàgina ha de tenir una **sagnia** d'1,27 cm des del marge esquerre[2]. Això ajuda a distingir visualment l'inici de cada paràgraf i millora l'estructura del text. Podeu utilitzar el tabulador (tecla *Tab* o ⇄) o, idealment, configurar l'estil de paràgrafs en Word per a aconseguir la sagnia. Mai utilitzeu la barra d'espais per a aconseguir aquest efecte.

S'ha d'utilitzar un **interlineat** doble i **alineació** del text només a l'esquerra, sense justificar completament. Aquesta alineació és preferible tant per raons de llegibilitat com d'accessibilitat, ja

---

[2] A excepció de les referències bibliogràfiques, que com s'indicarà més endavant, han de presentar-se amb sagnia francesa d'1,27 cm.

que és particularment beneficiosa per a persones amb dificultats visuals o de lectoescriptura, perquè facilita la identificació del final de cada línia. A més, **no s'ha d'agregar un espai addicional** abans o després dels paràgrafs, **ni afegir línies en blanc** entre paràgrafs o entre títols i subtítols.

El **tipus i mida de la font** també han de seguir unes pautes específiques per a garantir la claredat i la llegibilitat del text: per a fonts *sense serif* (fonts sense terminacions als extrems dels caràcters), les opcions recomanades són Calibri (11 punts), Arial (11 punts) i Lucida Sans Unicode (10 punts); per a fonts **amb serif** (fonts amb petites terminacions als extrems dels caràcters), es recomana Times New Roman (12 punts), Georgia (11 punts) i Computer Modern Normal (10 punts). Aquestes fonts són ideals per al cos del text en treballs llargs, ja que ajuden a guiar l'ull al llarg de la línia de text.

En aquest sentit, s'ha d'utilitzar la mateixa tipologia i mida de lletra al llarg de tot el document, fins i tot en els títols i subtítols, excepte les figures (dins de les imatges de figures es recomana utilitzar una font amb mida entre 8 i 14 punts sense *serif*) i les notes a peu de pàgina (es pot utilitzar una font de menor mida que la del text i un interlineat diferent).

Jerarquia de Títols

En el format APA, la jerarquia dels títols és fonamental per a organitzar i estructurar el contingut de manera clara i coherent, i permetre així que les lectores identifiquen fàcilment les seccions i subseccions d'un document. Cada nivell de títol té un estil específic, que s'ha de seguir consecutivament per a mantenir la consistència i professionalitat en la presentació de la informació. A més, recordeu que cada nivell implica la redacció de text (eviteu tenir un sol subtítol davall d'un nivell), que els títols i els subtítols no porten números ni lletres i que s'ha de mantenir l'interlineat doble del format general emprat en tot el document.

A continuació, es descriuen les característiques de cada nivell:

Nivell 1: Centrat • Negreta • Cada Paraula Comença en Majúscula

Text comença en nou paràgraf

Nivell 2: Alineat a l'esquerra • Negreta • Cada Paraula Comença en Majúscula

Text comença en nou paràgraf

Nivell 3: Alineat a l'esquerra • Negreta • Cursiva • Cada Paraula Comença en Majúscula

Text comença en nou paràgraf

Nivell 4: Alineat a l'esquerra • Negreta • Cada Paraula Comença en Majúscula • Amb sagnia de ½ polzada (1,27 cm) • Amb punt final. Text comença en la mateixa línia

Nivell 5: Alineat a l'esquerra • Negreta • Cursiva • Cada Paraula Comença en Majúscula • Amb sagnia de ½ polzada (1,27 cm) • Amb punt final. Text comença en la mateixa línia

Citacions d'Autores i Autors

Una de les qüestions clau en la investigació és l'ús de les cites. Encara que al principi pot semblar que reconéixer les idees d'altres autores o autors li resta valor al vostre treball, a poc a poc anireu constatant que és just el contrari. L'important és que demostreu a les vostres professores que heu utilitzat textos científics com a base per a construir els vostres arguments. Això s'evidencia amb l'ús de les cites. Un excel·lent exercici pràctic és comprovar com els articles científics, els manuals acadèmics, els treballs fi de grau, etcètera, contenen infinitat de cites (ens referim a la informació que trobeu entre parèntesi amb els cognoms d'autores i autors, i que a vegades també es presenta sense parèntesis, però incloent dins del parèntesi la data i, si correspon, el número de pàgina). Aquestes dades, que sovint obvieu en subratllar les lectures obligatòries de les assignatures perquè us sembla que interrompen la lectura, són precisament els que atorguen valor científic als treballs de recerca i als bons treballs acadèmics. Podem diferenciar dos tipus de cites: directes i indirectes. Ara, les veurem.

Citació Directa o Textual (Literal)

La cita directa, també dita literal, es refereix a la reproducció exacta d'un fragment, més o menys llarg, del text que esteu consultant. Pot ser curta (de menys de 40 paraules), amb cometes; o en bloc (de 40 paraules o més), sense cometes.

Citació Directa o Textual, Curta, Parentètica (Fent Èmfasi en el Text)

Exemple: "en la societat postmoderna, la vulnerabilitat i el risc d'exclusió atrapen sectors més amplis de la societat; els riscos s'han ampliat i diversificat i això ens fa més vulnerables en extensió i intensitat" (Uceda-Maza et al., 2015, p. 78)[3].

Citació Directa o Textual, Curta, Narrativa (Fent Èmfasi en l'Autora/Autor)

Exemple 1: tal com assenyala Calero (2024), "en l'abordatge de la política social realitzat des del treball social, resulta fonamental preguntar-se pel paper que tenim els i les treballadores socials en les diverses fases de la seua concepció, disseny, planificació, execució i avaluació" (p. 96).

Exemple 2: "en l'abordatge de la política social realitzat des del treball social, resulta fonamental preguntar-se pel paper que tenim els i les treballadores socials en les diverses fases de la seua concepció, disseny, planificació, execució i avaluació" tal com assenyala Calero (2024, p. 96).

Citació Directa o Textual en Bloc, Parentètica (Fent Èmfasi en el Text)

Les citacions de 40 paraules o més, conegudes com a citacions en bloc, es presenten de manera especial per a destacar-les del text principal. Aquest tipus de citacions es col·loca en un paràgraf a part del text i sense utilitzar cometes. A més, tot el bloc ha de tenir una sagnia d'1,27 cm des del marge esquerre. Aquest format ajuda a diferenciar clarament la citació del contingut original del vostre treball, i facilita la lectura i el reconeixement de les idees preses d'altres fonts en el text que esteu redactant. Exemple:

És important reconèixer que el treball social no sols actua sobre l'entorn immediat de les persones, sinó que també pot esdevenir una eina clau per a la transformació estructural:

---

[3] La signatura normalitzada en la investigació científica recomana incloure un guionet per a autores i autors amb cognoms comuns, quan així ho consideren oportú. Recordeu que heu d'incloure el cognom o els cognoms, tant en la citació com en la referència, tal com es troben en la font original.

La labor del treball social no es limita únicament a la prevenció i intervenció amb les

persones i el seu entorn de proximitat, sinó que també té un objectiu pedagògic rellevant

pel que fa a la incorporació del paradigma feminista en les polítiques públiques. Combatre la

violència de gènere en la societat passa per combatre el sistema patriarcal i masclista des

dels poders públics i des de l'acció comunitària del treball social. (Canet i Caravantes, 2020,

p. 135)

Citació Directa o Textual en Bloc, Narrativa (Fent Èmfasi en l'Autora/Autor)

A continuació se'n mostra un exemple:

En el seu estudi sobre la situació de risc de la joventut del barri del Xenillet, Caravantes et al.

(2017) posen èmfasi en la importància de l'àmbit local com a espai de resposta col·lectiva davant les

desigualtats socials i la fragilitat dels sistemes de protecció. Les autores defensen amb claredat que:

La rellevància de l'esfera local enfront de l'àmbit global, com a espai generador de sinergies

entre els diferents agents comunitaris cap a un desenvolupament local sostenible a llarg

termini. Les institucions de caràcter privat supleixen les mancances del sistema públic de

protecció, com ara actuacions en matèria de formació, oci i temps lliure saludable i inserció

social i laboral, entre altres. La coordinació dels esforços des d'una perspectiva comunitària

suposen la clau per a fer front a les diferents situacions de necessitat de la població.

L'exigència de l'assumpció de responsabilitats públiques per part dels poders,

igualment públics, és una qüestió de reconeixement de drets socials a l'hora d'oferir una

resposta eficient als fenòmens del barri. L'existència de la crisi econòmica no pot

deslegitimar les responsabilitats públiques davant les situacions de risc, vulnerabilitat i

fragilitat de la població. (p. 36)

Citació Indirecta o Parafrasejada

Una altra de les formes de citació més habituals és prendre una idea d'una autora i

expressar-la amb les nostres paraules, sense copiar-la literalment i sense canviar el sentit que l'autora li dona. En aquest cas, també és obligatori incloure la cita, i és recomanable indicar la pàgina o pàgines on es desenvolupa la idea.

Citació Indirecta o Parafrasejada Parentètica (Fent Èmfasi en el Text)

Exemple: Diversos textos en l'àmbit de les polítiques socials aborden de manera recurrent l'envelliment de la població com un repte demogràfic, però també com una oportunitat per al conjunt de la societat, i especialment per a les persones majors (Botija et al., 2021).

Citació Indirecta o Parafrasejada Narrativa (Fent Èmfasi en l'Autora/Autor)

Exemple: Així mateix, Botija et al. (2021) identifiquen l'envelliment de la població com un dels principals reptes demogràfics abordats des de les polítiques socials, i destaca que també pot representar una oportunitat per al conjunt de la societat i, en particular, per a les persones majors.

Citació d'una Citació (Citació Secundària)

Quan és difícil accedir de manera directa a una referència que hem trobat citada en un text amb el qual estem treballant, en aquest cas també és important indicar l'autoria original, per a això pots fer ús de la denominada cita secundària. Encara que, sempre que pugues has d'acudir al text original (la font primària) que s'està citant [4].

Se'n poden utilitzar tres formats compatibles, ja que tenen el mateix significat. Heu de mantenir el mateix format en totes les citacions secundàries del vostre treball. En el nostre cas estem fent ús de la forma establerta en el manual en castellà: "com es va citar en". Però, també podeu fer ús de: "com se cita" o "citat en". Exemples:

Lenoir (1974, com es va citar en Fombuena, 2022) ja advertia en el seu llibre *Les exclus*, que en les societats riques de l'Europa occidental es considerava que les situacions de marginació estaven relacionades amb aquelles persones que, per raons desconegudes, no responien al que se n'esperava i, per això, no disposaven dels recursos suficients.

---

[4] En primer lloc, heu d'indicar l'autoria i l'any del text que apareix citat en el document que esteu usant, ja que aquesta obra es va publicar abans. Però recordeu que en la llista de referències només hi heu d'incloure el document que heu consultat directament.

NORMES APA 7a EDICIÓ

Ja fa dècades que, en el context de les societats riques de l'Europa occidental es percebia la marginació social com una situació atribuïda a les persones que no tenien prou recursos perquè, per motius incomprensibles, no es comportaven com haurien de fer-ho (Lenoir, 1974, com es va citar en Fombuena, 2022).

Presteu atenció sempre que utilitzeu les citacions de citacions, ja que tota citació secundària és una citació combinada en si mateixa. Poden ser parafrasejades, tal com us mostra l'exemple anterior, però també podeu fer ús de la citació secundària: directa, tant curta com en bloc, i narrativa o parentètica.

Citacions Consecutives

També és possible realitzar citacions consecutives de diferents autores o autors que expressen una mateixa idea que us serveix per a fonamentar una proposta central en el vostre treball, sempre que es tracte de cites parafrasejades. En aquests casos, s'inclouen totes les referències entre parèntesis, separades per punt i coma, seguint l'ordre alfabètic del primer cognom de l'autoria de cada document citat. Aquesta manera de citar resulta especialment útil quan es vol reforçar una afirmació amb el suport de múltiples fonts científiques que coincideixen amb el vostre plantejament. Exemple: (Barbé-Villarrubia i Marí-Poveda, 2023; Gallén-Granell i Ruiz-Gil, 2024).

Quan Utilitzar *et al.* en les Citacions?

L'abreviatura llatina *et al.* significa *"i altres"* i, de manera genèrica, garanteix l'ús d'un llenguatge inclusiu. Ha d'utilitzar-se sempre que procedisca en el text. No obstant això, és important recordar que mai ha d'aparéixer *et al.* en la llista de referències.

Citacions amb dues autories: Gallén-Granell i Ruiz-Gil (2024)

Citacions amb tres o més autories: Royo-Ruiz et al. (2024)

L'ús d'*et al.* ha d'evitar-se si genera ambigüitat (vegen-se els exemples 1 i 2 de la Taula 2) o si no es compleix la condició de pluralitat de les autories que s'ometen (exemples 3 i 4) ja que, si només s'omet una autoria, no pot utilitzar-se *et al.*, que significa *"i altres"*, però en cap cas *"i altre/altra"*.

Taula 2

Excepcions en l'ús d'et al.

Autoria i data de la referència	Cita en el text
Thompson, R., Smith, S., Brown, P. i Wilson, F. (2025)	Thompson, Smith et al. (2025)
Thompson, R., Robinson, V., Taylor, S. i Wright, M. (2024)	Thompson, Robinson et al. (2024)
Guardiola, J., Soler, M. i Puig, A. (2023)	Guardiola, Soler i Puig (2023)
Guardiola, J., Ferrer, L. i Puig, A. (2022)	Guardiola, Ferrer i Puig (2022)

Com Citar Organitzacions?

Quan es tracta d'una organització, en la primera citació dins del text ha d'esmentar-se'n el nom complet, seguit de la seua abreviatura entre claudàtors si aquesta existeix i és d'ús comú:

(Programa de les Nacions Unides per al Desenvolupament [PNUD], 2024, p. 25).

En les següents cites s'utilitza l'abreviació indicada entre claudàtors en la primera citació:

(PNUD, 2024, p. 50).

Important: en un treball acadèmic, les abreviatures tracten d'evitar repeticions que obstaculitzen la lectura dels treballs; no les utilitzeu per tal d'escriure més ràpid o evitar teclejar alguns caràcters. Useu una abreviatura només si almenys ix tres vegades en el text, en cas contrari escriviu el terme complet. Si no existeix una abreviatura estandarditzada, podeu crear-ne una de pròpia si es manté l'ús mínim. Les abreviatures (sigles o acrònims) que estan arreplegades en el diccionari no han d'esmentar-se amb el nom complet, per exemple, ONG, VIH, DNI, IVA, ONU, etcètera.

Comunicació Personal

Els treballs que no poden ser consultats pels qui us llegiran se citen en el text com a comunicacions personals i no apareixen en la llista de referències. Per a la cita de comunicacions personals es requereix l'autorització de les persones participants directament. Es donen dos casos diferenciats, atés el compromís de confidencialitat, la cita no anònima i la cita anònima.

En les **cites no anònimes** podeu fer ús de la inicial del nom i del cognom. També podeu codificar-les, si heu realitzat entrevistes a professionals del treball social, com EP-01 o TS-01. Vegem alguns exemples:

(EP-01, comunicació personal, 8 d'abril de 2025).

Parentètica: (E. Marí-Poveda, comunicació personal, 8 d'abril de 2025).

Narrativa: E. Marí-Poveda (comunicació personal, 8 d'abril de 2025).

Les **cites anònimes** es requereixen per a les persones que són subjectes de la vostra

investigació (cites textuals extretes del vostre treball de camp mitjançant entrevista, grup de

discussió, grup focal, història de vida, etcètera). En aquests casos, heu d'utilitzar fórmules que

substituïsquen qualsevol dada confidencial. No és necessari limitar-se a codis, també podeu usar

descriptors o pseudònims. Per exemple:

En format parentètic:

(entrevistada, 27 anys, professional en actiu)

(entrevistat, 35 anys, professional desocupat)

En format narratiu:

La nostra participant, anomenada Victoria (els noms utilitzats són ficticis)

El participant F del nostre grup de discussió va a afirmar que ...

A continuació, es mostren de manera detallada diferents textos que heu de tractar com a

comunicacions personals.

Taula 3

Tipus de comunicacions personals

Tipus de comunicació
Correus electrònics
Missatges de text
Xats o missatges de grups no arxivats o privats
Entrevistes personals
Converses telefòniques
Seminaris web, discursos o conferències no gravades
Manuscrits no publicats
Cartes privades

Referències d'Ús Habitual

És fonamental diferenciar entre **bibliografia** i **referències**. La bibliografia inclou totes les fonts consultades sobre el tema, encara que no s'hagen citat directament en el text, mentre que les **referències** només incouen les fonts que efectivament s'han citat en el desenvolupament del treball. En els treballs acadèmics, generalment, només es demana la pàgina de **referències**, és a dir, només aquells documents que són esmentats en el text. En aquest sentit, recordeu que totes les autores i els autors citats al llarg del vostre treball han d'estar inclosos necessàriament en aquesta llista. No s'hi han d'incloure referències que no hagen sigut citades, ni citar fonts que després no hi són en la pàgina de referències.

Com hem explicat anteriorment, tant citar com referenciar correctament les fonts utilitzades permet el reconeixement del treball i les idees d'altres persones. En aquesta línia, és important destacar que la producció científica de les dones ha sigut invisibilitzada de manera reiterada al llarg de la història, per això us proposem l'adaptació de les normes APA incloent el nom complet de **les persones autores**[5] en la llista de referències. D'aquesta manera, visibilitzem les dones en la ciència. Aquesta recomanació fa temps que s'aplica en els estudis de gènere i és avalada per l'Asociación de Mujeres Investigadoras y Tecnólogas (AMIT).

Així mateix, altres pautes de citació com l'estil Vancouver (utilitzat en l'àmbit de les Ciències de la Salut) ja han actualitzat aquest criteri i incorporen el nom complet de les autores i els autors. Per exemple, la Universitat Oberta de Catalunya ha proposat una adaptació del model APA, tal com ho fem ací amb les referències d'autores, en alguns dels exemples, i en la llista completa de referències.

És important destacar que podeu triar com expressar el nom de les autores i els autors com us estem explicant (si no teniu instruccions concretes), però si decidiu utilitzar el nom complet és

---

[5] Tant dones com homes.

millor que l'indiqueu amb una nota al peu de pàgina quan introduïu l'epígraf "Referències"[6]. No obstant això, el sistema de citacions es manté inalterable, encara que feu ús de l'adaptació de gènere, ja que aquesta adaptació només afecta la llista de referències, tant per a autores com per a autors.

En tot cas, recordeu que sempre heu d'atendre les pautes particulars per als treballs acadèmics que indiquen les vostres professores i professors.

La llista de referències es trobarà al final del treball acadèmic, en **ordre alfabètic.** Ha de tenir una **sagnia francesa d'1,27 cm,** i utilitzar la mateixa font, mida i interlineat que el text del treball. En la setena edició de les normes APA, una referència inclou quatre elements bàsics:

Taula 4

Elements bàsics d'una referència

Elements que cal incloure en les referències
Autoria: responsable(s) del treball.
Data: data de publicació.
Títol: nom del material.
Font: lloc de consulta o adquisició.

Les referències bàsiques més utilitzades en l'àmbit acadèmic són les que us presentem a continuació a través d'exemples pràctics.

Article de Revista Científica[7]

Taula 5

Informació que es pot tenir disponible per a referenciar articles de revista científica

Autora	Data	Títol	Font	
Cognom, A. A.	(2022).	Títol de l'article.	*Publicació, 4*(1), 74-96.	https://doi.org/
Cognom, B. B. i Cognom, C. C.	(2023).			https://ar.uv/exemple
(fins a 20 autores)				(si n'hi ha)

---

[6] Amb la finalitat de visibilitzar la producció científica de les dones s'ha optat per exposar les referències dels materials utilitzats amb el nom complet de les autores i els autors en lloc de les inicials, realitzant així una adaptació de les normes APA 7a edició.

[7] Si la publicació no disposa d'algun dels elements habituals (com el número de volum, el número d'exemplar o les pàgines), **només** en aquest cas es poden ometre en la referència.

Exemple 1: Fins a 20 Autores/Autors

Uceda-Maza, F. X., García, M., Romero, C., Martínez-Martínez, L. i Montón, C. (2015). Inclusió social i

intervenció socioeducativa mitjançant l'esport: L'experiència de les escoles esportives 613

de Burjassot. *Pedagogia i Treball Social: Revista de Ciències Socials Aplicades, 4*(1), 74–96.

https://raco.cat/index.php/PiTS/article/view/309478

Exemple 2: Més de 20 Autores/Autors[8]

Mas-Coma, S., Artigas P., Cuervo, P. F., De Elías-Escribano, A., Fantozzi, M. C., Colangeli, G., Córdoba,

Á., Marquez-Guzman, D. J., Mas-Bargues, C., Borrás, C., Pérez-Pérez, P., Bethencourt-Estrella,

C. J., Rodríguez-Expósito, R. L., Peña-Prunell, M. D., Chao-Pellicer, J., García-Pérez, O.,

Domínguez de Barros, A. T., García-Ramos, A., Sirvent-Blanco C., … Bargues M. D. (2025).

Infectious disease risk after the October 2024 flash flood in Valencia, Spain: Disaster

evolution, strategic scenario analysis, and extrapolative baseline for a One Health

assessment. *One* Health, 21(article 101093), 1-24.

https://doi.org/10.1016/j.onehlt.2025.101093

Hem pogut constatar, al llarg del temps, que quan us inicieu en l'ús de les normes APA, una

de les informacions que més us costa diferenciar en els articles de revistes científiques és la correcta

localització del volum i el número. A mode d'aclariment, tingueu en compte que les revistes

científiques es poden editar especificant el volum (expressa un període de temps, generalment

anual) i el número concret de la revista (publicacions compreses en eixe espai de temps). També

trobeu revistes que només publiquen per volums o només per números. Per a diferenciar totes dues

informacions, el número del volum s'escriu en itàlica i el número de la revista va entre parèntesi i

sense lletra en cursiva. Observeu que quan existeixen les dues dades (volum i número), no heu de

deixar un espai entre ells.

---

[8] S'han de proporcionar els cognoms i les inicials de fins a 20 autories en la llista de referències. Per a 21 o més autories, s'hi han d'incloure les primeres 19 autories, després cal inserir … (sense la "i") i acabar amb el cognom i la inicial de l'última autoria.

Llibre o Obra de Referència

Taula 6

Informació que es pot tenir disponible per a referenciar llibres

Autora	Data	Títol	Font	
Cognom, A. A.	(2022).	*Títol del llibre.*	Editorial.	https://doi.org/
Cognom, B. B. i Cognom, C. C. (fins a 20 autores)		*Títol del llibre* (nombre de edició, a partir de la segona edició).		https://libro.uv/ exemple
Cognom, E. E. (Ed.).				(si n'hi ha)
Cognom, E. E. i Cognom, F. F. (Eds.).		*Títol del llibre* (2a ed., Vol. 3)		

Exemple 1

Torres, A. (2019). *Dones rebels: Històries contra el silenci.* Sembra Llibres.[9]

Exemple 2

Garcés, J. (Ed.). (2024). *Tratado general de trabajo social, servicios sociales y política social* (Vols. 1-3). Tirant humanidades. https://editorial.tirant.com/es/ebook/tratado-general-de-trabajo-social-servicios-sociales-y-politica-social-3-tomos-jorge-garces-ferrer-9788411834711

Capítol de Llibre

En aquest cas heu de considerar que el llibre que esteu utilitzant és un contenidor de capítols que estan escrits per diferents autores i autors. La primera cosa que heu de referenciar és la informació del capítol i després dir en quin llibre està escrit aquest capítol. Per això sempre trobeu la preposició *En* que inicia, des d'un punt i seguit, la segona part de la referència. Fixeu-vos bé en l'exemple.

Exemple

Navarro, J. J., Oliver, A., Morillo, P., Fernández, M., Galiana, L., Carbonell, Á. i Llàcer, J. (2017). Noves tecnologies, sexisme i mites en l'adolescència. En J. J. Navarro (Coord.), *Infadolescenci@s: Una mirada socioeducativa-tecnocrítica* (p. 91–104). Tirant lo Blanch.

---

[9] Títol i subtítol: es tracten com una unitat separada per dos punts i tot escrit en cursiva, quan correspanga. L'ús normalitzat per l'APA per a referències, tant en valencià com en anglès, és escriure en majúscula només la primera lletra del títol i del subtítol (si n'hi ha) i de qualsevol nom propi.

Informes i Literatura Grisa

La literatura grisa és qualsevol tipus de document que no es difon com a material acadèmic en els mitjans de publicació tradicionals o comercials; els seus canals de distribució no s'ajusten a normes de control bibliogràfic i, a més, solen ser de difícil accés. En aquesta categoria es poden incloure informes d'investigació, documents de treball, butlletins, memòries, normes, patents, traduccions científiques, enquestes, etcètera. Si es fa ús d'aquests documents i no hi figura cap autoria explicita, s'ha d'utilitzar el nom de l'organització o institució.

Taula 7

Informació que es pot tenir disponible per a referenciar literatura grisa

Autora	Data	Títol	Font	
Cognom, A. A.	(2022).	*Títol de l'informe.*	Editorial	https://doi.org/
Cognom, B. B. i Cognom, C. C.	(2024).	*Títol de literatura grisa [Descripció].*		https://informe.uv/ exemple
Nom de l'organització.				(si n'hi ha)

Exemple 1

Botija, M., Caravantes, G. M., Galán-Sanantonio, A., Gallén-Granell, E. i Prades-Cavallero, V. (2021). *Informe-estudi en matèria d'envelliment actiu de la Ribera Alta.* Grup d'Estudis Socials en Intervenció i Innovació – GESINN. Generalitat Valenciana i Universitat de València. https://www.uv.es/catedraspss/laboratori/informes/2022/2022-11-estudi-envelliment-vl.pdf

Exemple 2

Ajuntament de Girona. (2022). *Informe sensellarisme Girona: Cens i recompte 25 maig 2022.* https://web.girona.cat/documents/20147/329689/Informe-sensellarisme-Girona.pdf

Conferències i Ponències

Taula 8

Informació que es pot tenir disponible per a referenciar conferències i ponències

Autora	Data	Títol	Font	
Cognom, A. A. i Cognom, B. B.	(12-14 d'agost de 2020).	*Títol de la contribució* [Tipus de contribució].	Tipus d'esdeveniment acadèmic, Institució acadèmica, Ciutat, País.	https://xxxx (si n'hi ha)

Exemple

Devesa, S. i Pla, G. (25-27 d'octubre de 2023). *El maltractament a les persones grans des d'una*

mirada preventiva i comunitària: Taula comarcal maltractaments a les persones grans

[Comunicació oral]. IX Congreso de la Red Española de Política Social, Universitat de les Illes

Balears, Palma de Mallorca, España.

Treballs Acadèmics: Tesi i Treball Final (Màster o Grau)

Taula 9

Informació que es pot tenir disponible per a referenciar treballs acadèmics

Autora	Data	Títol	Font	
Cognom, A. A.	(2022).	*Títol de la tesi* [Tesi segons grau acadèmic, Institució que atorga el títol acadèmic].	Base de dades. Repositori.	https://tesis.uv /exemple (si n'hi ha)

Exemple

Ballester, A. (2020). *Circ social i Treball Social. Una experiència de circ amb centres educatius a*

l'Ateneu Popular 9 Barris [Tesi doctoral, Universitat de Barcelona]. TDX (Tesis Doctorals en

Xarxa). http://hdl.handle.net/10803/669986

Pàgines Web

Una pàgina web és un documental electrònic, en accés obert a través d'internet, que conté

la informació organitzada i presentada de manera visual. Per al seu ús acadèmic ens interessen

només quan proporcionen **informació contrastada, fiable i actualitzada**. Les pàgines web

constitueixen una eina fonamental per als treballs acadèmics en l'era digital. Una pàgina web és un

document únic dins d'un navegador que se centra en un sol tema, des de la qual es poden llegir publicacions (*posts*) especialitzades en forma d'articles o notícies. Una pàgina web pot ser autònoma o formar part d'un lloc web (col·lecció de diverses pàgines web interconnectades).

Les pàgines web poden ser estàtiques (contenen informació que no canvia i es manté de manera constant) i dinàmiques (generen contingut actualitzat permanentment). La web de mitjans de comunicació ofereix notícies, articles i contingut multimèdia, entre altres.

Per a fer correctament una referència extreta d'una pàgina web, primer cal respondre dues preguntes: on està situat el material que estic utilitzant? i, quin tipus de material vull referenciar? Els dos elements clau són: el **contenidor** de la referència (tipus de pàgina web) i el **contingut** referenciat (article de divulgació científica, notícia, comentari de notícia, informe, llibre, capítol de llibre, veu de diccionari, etcètera).

Exemple 1: Article en Pàgina Web de Notícies (Mitjà de Comunicació Digital o Imprès)

Canet, E. (7 de gener de 2022). Edatisme i violència estructural contra les dones. *Diari La Veu del País Valencià*. https://www.nosaltreslaveu.cat/noticia/66508/edatisme-i-violencia-estructural-contra-les-dones

Exemple 2: Comentari en Pàgina Web de Notícies

Valero, D. (17 de juny de 2025). *Moltes gràcies per la magnífica ressenya d'Enemigos* [Comentari en la pàgina web Diari La Veu del País Valencià]. Diari La Veu. https://www.diarilaveu.cat/cultura/venjanca-o-perdo-592363/

Exemple 3: Pàgina Web en Lloc Web Corporatiu, amb Autoria Corporativa

Ministeri de Drets Socials i Agenda 2030. (2 de novembre de 2021). *Estrategia nacional para la igualdad, inclusión y participación del Pueblo Gitano 2021-2030*. Govern d'Espanya. https://www.dsca.gob.es/es/derechos-sociales/poblacion-gitana/estrategia-nacional/estrategia-igualdad-inclusion-participacion-pueblo-gitano-2021-2030

Exemple 4: Pàgina Web en Lloc Web Corporatiu, amb Autoria Personal

López-Sáez, M. Á. (23 d'abril de 2025). *Guía práctica para la inclusión de la perspectiva de diversidad sexual y de género en la investigación*. Universidad Rey Juan Carlos i Ministeri d'Igualtat. https://www.igualdad.gob.es/wp-content/uploads/Guia-Diversidad-Sexual.pdf

Exemple 5: Diccionari en Línia. Pàgina Web en Lloc Web Corporatiu Dinàmic: No Arxiva Informació

Acadèmia Valenciana de la Llengua. (s.d.). Pòdcast. En *Portal terminològic valencià.* Consultat el 30

de juny de 2025, de https://www.avl.gva.es/lexicval/ptv?paraula=podcast

Mitjans en Línia

Taula 10

Informació que es pot tenir disponible per a referenciar pàgines web i mitjans en línia

Autora	Data	Títol	Font	
Cognom, A. A.	(2025)	*Títol del contingut.*	Lloc.	Consultat el
Nom de grup.	(juny de 2025)	*Contingut de la publicació*		30 de juny de
[usuari].	(28 de juny de 2025)	*fins a les primeres 20*		2025*, de
	(s.d.).	*paraules* [Descripció del material referenciat].		https://ml.uv/ exemple

* Nota. La data de consulta només s'indica en pàgines dinàmiques amb actualitzacions constants i sense versió arxivada.

Aplicació

Universitat de València. (3 de juny de 2025). *AppUV* (7.21.5) [Aplicació mòbil Android]. Google Play

Store. https://play.google.com/store/apps/details?id=net.universia.uv&hl=es

Universitat de València. (26 de juny de 2025). *AppUV* (7.21.7) [Aplicació mòbil iOS]. App Store.

https://apps.apple.com/es/app/universitat-de-val%C3%A8ncia/id1601173273

Presentacions de Diapositives

Les presentacions de materials es poden referenciar sempre que estiguen disponibles en

accés obert. Poden ser *PowerPoint, Prezi, Canva, Genially* o altres. Vegem-ne un exemple:

Lorenzo, N. (19 de gener de 2024). *Ús pràctic de la Intel·ligència Artificial a l'escola* [Diapositiva de

PowerPoint]. Col·legi de Doctors i Llicenciats de Catalunya. SCP-IEC. Jornada de seguiment

ComConèixer (KBIP). Barcelona.

https://www.academia.edu/113733665/%C3%9As_pr%C3%A0ctic_de_la_Intel_lig%C3%A8n

cia_Artificial_a_lescola

Publicació en Xarxes Socials: Publicació Concreta i Pàgina o Perfil

Revista de Treball Social (@revistarts.bsky.social). (24 d'abril de 2025). *L'editorial del núm. 227 de la*

    Revista de Treball Social (RTS) posa de manifest la contribució del treball social [Imatge i

    enllaç] [Post]. Bluesky. https://bsky.app/profile/revistarts.bsky.social/post/3lnl2hkamfc2c

Universitat de València. (s.d.). *Inici* [Pàgina de Facebook]. Facebook. Consultat el 8 de maig de 2025

    de https://www.facebook.com/share/17gQCACGw8/?mibextid=wwXlfr

Entrada de Blog

Un blog no és una pàgina web pròpiament, encara que en pot formar part, ja que compleix

funcions diferents pel que fa a contingut i finalitat.

Els blogs presenten opinions o punts de vista personals sobre diversos temes. Els continguts

d'un blog poden ser acadèmics o no. Per a dirimir quan un blog és acadèmic hem de consultar la

producció de materials acadèmics i/o especialitzats de l'autora o l'autor, i fins i tot consultar la seua

pàgina web que generalment està associada o referenciada en el blog. Vegem-ne un exemple:

Alcántara, A. (27 de novembre de 2024). Quan la necessitat d'habitatge digne queda a la intempèrie.

    Sobre el desallotjament de barraques a Montcada i Reixac. *Educació Transformadora*.

    https://educaciotransformadora.com/2024/11/27/quan-la-necessitat-dhabitatge-digne-

    queda-a-la-intemperie-sobre-el-desallotjament-de-barraques-a-montcada-i-reixac/

ChatGPT / Chatbots Basats en Intel·ligència Artificial Generativa

La resposta a com citar o reproduir part del text creat per un chatbot d'intel·ligència artificial

generativa (IAG) en els treballs acadèmics ve recomanada per les normes APA, des de l'abril de 2023,

perquè pugueu incloure-hi tant la citació de la pregunta (*prompt*) que es realitza com la referència.

Heu de tenir en compte que l'ús de qualsevol IAG requereix sempre la citació i la referència en el

vostre treball acadèmic.

A més, podeu incloure el text complet de les respostes llargues en un apèndix del vostre

treball, perquè els qui us lligen tinguen accés al text íntegre que s'ha generat a partir de les

preguntes que heu formulat. Si creeu l'apèndix complementari del material obtingut en la conversa amb una IAG, recordeu que ha d'esmentar-se almenys una vegada en el cos del vostre treball. Si és

així, les citacions quedaran com podeu veure en els exemples.

D'altra banda, en aquesta ocasió us explicitarem quins són els **elements adaptats a les referències d'IAG** de qualsevol tipus.

Autoria: l'autor del model o empresa, com ara OpenAI.

Data: l'any de la versió que heu utilitzat; només l'any, no la data exacta.

Títol: conté tres informacions bàsiques: en lletra itàlica, el nom general del model de IAG utilitzat; entre parèntesis, la versió amb la qual heu treballat (cada empresa pot utilitzar diferents formats, per exemple numèric, la data de llançament de la versió o altres); i finalment, els claudàtors, que inclouen la descripció del model. L'objectiu del text entre claudàtors és descriure breument el tipus de model, no el tema que heu preguntat a la intel·ligència artificial, ja que moltes vegades qui us llig no ha de conèixer necessàriament cadascuna de les IAG que utilitzeu.

Font: l'editor; si és el mateix que l'autor (empresa) no s'ha de repetir, i s'afig l'enllaç oficial per a accedir al model (no a la pàgina principal de l'editor).

Exemple 1: Citacions

(OpenAI, 2025)

(Perplexity, 2025)

Exemple 2: Referències

Midjourney. (2023). *Midjourney* (versió 6) [Transformador de models de llenguatge a imatge].

https://www.midjourney.com/home

OpenAI. (2024). *Sora* (versió desembre) [Transformador de models de text a imatge o vídeo].

https://sora.chatgpt.com/

OpenAI. (2025). *ChatGPT* (versió del 14 d'abril) [Model de llenguatge extens].

https://chat.openai.com/chat

Perplexity. (2025). *Perplexity* (versió de març) [Model de llenguatge extens].

https://www.perplexity.ai/

Mitjans Audiovisuals

Taula 11

Informació que es pot tenir disponible per a referenciar mitjans audiovisuals

Autora	Data	Títol	Font	
Cognom, D. (Directora) Cognom, P. (Productora)	(2020). (2020-present). (2019-2024). (21 de juliol de 2024).	*Títol de la producción audiovisual* [Descripció].	Companyia productora. Segell discogràfic. Departament, Facultat, Universitat.	https://doi.org/ https://ma.uv/ exemple (si n'hi ha)

La taula següent indica la persona que exerceix el paper d'autoria en cada tipus de producció audiovisual.

Taula 12

Informació d'autories en produccions audiovisuals

Tipus de mitjà	Autora
Sèrie de televisió	Productora(ores) executiva(ives)
Episodi de sèrie de televisió	Escriptora i directora de l'episodi
Pel·lícula	Directora
Pòdcast	Presentadora executiva
Episodi de pòdcast	Presentadora de l'episodi
Seminari web o Webinari	Instructora
Fotografia	Fotògrafa
Vídeo en internet	Persona o grup que va pujar el vídeo
Cançó	Compositora o artista de la gravació

A continuació, es presenten alguns exemples de referències sobre continguts audiovisuals.

Sèrie de Televisió

Camps, H. (Productor executiu). (2015–2018). *Merlí* [Sèrie de televisió]. Nova Veranda; TV3.

https://serietelevisio//exemple

Episodi de Sèrie de Televisió

Paricio, D. (Director). (18 d'octubre de 2022). Nit de Ronda (Temporada 14, Episodi 25) [Episodi de sèrie de televisió]. *L'Alqueria Blanca*. À Punt Mèdia. https://episodiserietv//exemple

Pel·lícula

Marqués-Marcet, C. (Director). (2019). *La mort de Guillem* [Pel·lícula]. LASTOR Media. S. L.

Pòdcast

Pedrosa, E. (Presentadora). (2024). *L'ofici d'educar* [Pòdcast d'àudio]. Catalunya Ràdio.

   https://www.3cat.cat/3cat/lofici-deducar/

Episodi de Pòdcast

Puerto, E., Ruiz, Q. i Frasquet, L. (Presentadores). (13 de maig de 2024). 4x09 L'AMOR | Juanpe

   Sánchez [Episodi de pòdcast d'àudio]. *Gent Ràndom*. Ràdio Godella.

   https://episodipodcast.uv/exemple

Seminari Web o Webinari

Sala, E. (17 de maig de 2024). *El sensellarisme des de la perspectiva de gènere i l'abordatge de les*

   violències masclistes. Generalitat de Catalunya.

   https://dixit.gencat.cat/ca/detalls/Article/20240517_violencies_masclistes_sensellarisme.ht

   ml

Fotografia

Muñoz, M. (2024). *Barcelona, un parc temàtic* [Fotografia]. Joves Fotògraf(es) de Catalunya XXII.

   https://www.inspai.cat/Inspai/ca/publicacions-fotografia?variant=joves_fotografs

Vídeo en Internet

Col·legi Oficial de Treball Social de Catalunya. (13 de novembre de 2024). *Intervenció de l'Equip*

   d'Emergències del TSCAT a les poblacions valencianes afectades per la Dana. [Arxiu de

   Vídeo]. YouTube. https://www.youtube.com/watch?v=lnPBitfzh4w

Cançó

La Fúmiga. (2019). Mediterrània [Cançó]. *Espremedors*. Halley Records.

   https://www.viasona.cat/grup/la-fumiga/espremedors/mediterrania

Taules i Figures

Taules

El títol i la descripció de la taula s'escriuen a doble espai. Així mateix, el contingut de la taula ha de tenir interlineat simple per a facilitar-ne la lectura i millorar-ne l'estètica (recomanat).

Taula 13

Exemple de taula segons les normes APA

	Categoria 1	Categoria 2	Categoria 3
Variable 1	XXXXXX	XXXXXX	XXXXXX
Variable 2	XXXXXX	XXXXXX	XXXXXX
Variable 3*	XXXXXX	XXXXXX	XXXXXX

Nota. L'explicació de la nota s'escriu en una mida de lletra 2 punts menor que el text principal del treball, amb doble espai, sense cursiva i amb punt final.

*Qualsevol aclariment imprescindible en el contingut de la taula s'indica amb un símbol d'asterisc, col·locat darrere de la nota general, i es finalitza amb un punt.

Figures

Les figures (fotografies, imatges i gràfics) només s'utilitzaran si aclareixen de manera rellevant el text; si no, se'n prescindirà. Es presentaran incorporades en el text, en el lloc que correspongui. El títol i la descripció de la figura s'escriuen a doble espai.

Figura 1

Imatge lliure de drets d'autor d'un pont

Nota. L'explicació de la nota s'escriu en una mida de lletra 2 punts menor que el text principal del treball, amb doble espai, sense cursiva i amb punt final.

Font: Pixabay (s.d.).

Evolució de les Normes APA

Si ja heu tingut ocasió de treballar amb normes APA en l'etapa preuniversitària, tingueu en compte que APA 6 va ser reemplaçada per l'actual a l'octubre de 2019 i potser les vostres primeres pràctiques en l'ús d'aquestes normes es corresponen amb l'edició prèvia, o fins i tot d'anteriors.

Com us hem explicat a l'inici, les normes APA van canviant i ajustant-se, per tant al llarg de la vostra vida acadèmica i professional coneixereu noves versions d'APA. Per això, ací us mostrem algunes de les diferències més significatives en comparació amb la versió anterior. I recordeu que aquest document estàtic no canviarà quan ho facen les normes APA, per això us recomanem que continueu amb el Manual Interactiu, a més d'accedir als materials en línia de biblioteques de referència com les de la Universitat de Girona o la Universidad Carlos III de Madrid, i/o la pàgina oficial de l'American Psychological Association.

Com sempre us diem a classe, les normes APA no cal memoritzar-les, cal saber-les utilitzar i posar-les en pràctica. De manera que, si fa un quant temps les vau aprendre de memòria, aquest és un exercici per a desaprendre-les. Vegem algunes de les diferències.

Els Enllaços d'Identificació de Material Digital [DOI] s'Inclouen Directament amb el Localitzador Uniforme de Recursos [URL]. L'Etiqueta DOI: se Suprimeix

APA 6

Canet, E. i Caravantes, G. M. (2020). El Pacte Valencià contra la Violència de Gènere i Masclista com a model de participació social en les polítiques públiques. *Revista de Treball Social*, (218), 121-137. DOI:10.32061.RTS2020.218.07

APA 7

Canet, E. i Caravantes, G. M. (2020). El Pacte Valencià contra la Violència de Gènere i Masclista com a model de participació social en les polítiques públiques. *Revista de Treball Social*, (218), 121-137. https://doi.org/10.32061/RTS2020.218.07

La Localització Geogràfica de l'Editorial ja no s'Inclou en la Referència

APA 6

Sánchez-Flores, S. (2024). *Administració social i serveis socials*. València: Tirant lo Blanch.

APA 7

Sánchez-Flores, S. (2024). *Administració social i serveis socials*. Tirant lo Blanch.

Referències[10]

Acadèmia Valenciana de la Llengua. (s.d.). Pòdcast. En *Portal terminològic valencià*. Consultat el 30

de juny de 2025, de https://www.avl.gva.es/lexicval/ptv?paraula=podcast

Ajuntament de Girona. (2022). *Informe sensellarisme Girona: Cens i recompte 25 maig 2022.*

https://web.girona.cat/documents/20147/329689/Informe-sensellarisme-Girona.pdf

Alcántara, A. [Antonio]. (27 de novembre de 2024). Quan la necessitat d'habitatge digne queda a la

intempèrie. Sobre el desallotjament de barraques a Montcada i Reixac. *Educació*

Transformadora. https://educaciotransformadora.com/2024/11/27/quan-la-necessitat-

dhabitatge-digne-queda-a-la-intemperie-sobre-el-desallotjament-de-barraques-a-montcada-

i-reixac/

American Psychological Association. (2025). *APA Style*. https://apastyle.apa.org/

Ballester, A. [Aïda]. (2020). *Circ social i Treball Social. Una experiència de circ amb centres educatius*

a l'Ateneu Popular 9 Barris [Tesi doctoral, Universitat de Barcelona]. TDX (Tesis Doctorals en

Xarxa). http://hdl.handle.net/10803/669986

Botija, M. [Mercedes], Caravantes, G. M. [Glòria Maria], Galán-Sanantonio, A. [Alba], Gallén-Granell,

E. [Eva] i Prades-Caballero, V. [Virginia]. (2021). *Informe-estudi en matèria d'envelliment*

actiu de la Ribera Alta. Grup d'Estudis Socials en Intervenció i Innovació – GESINN.

Generalitat Valenciana i Universitat de València.

https://www.uv.es/catedraspss/laboratori/informes/2022/2022-11-estudi-envelliment-

vl.pdf

Calero, Á. [Ángela]. (2024). Silenci administratiu: Pràctica formativa per a l'abordatge de les

polítiques socials des del Treball Social. *TS Nova: Treball Social i Serveis Socials,* (20), 95-103.

https://cotsvalencia.com/wp-content/uploads/2025/03/TSnova_20_full-definitiva-

publicada.pdf

---

[10] Amb la finalitat de visibilitzar la producció científica de les dones s'ha optat per exposar les referències dels materials utilitzats amb el nom complet de les autores i els autors en lloc de les inicials, realitzant així una adaptació de les normes APA 7a edició.

Camps, H. [Héctor]. (Productor executiu). (2015–2018). *Merlí* [Sèrie de televisió]. Nova Veranda; TV3. https://serietelevisio//exemple

Canet, E. [Encarna]. (7 de gener de 2022). Edatisme i violència estructural contra les dones. *Diari La Veu del País Valencià*. https://www.nosaltreslaveu.cat/noticia/66508/edatisme-i-violencia-estructural-contra-les-dones

Canet, E. [Encarna] i Caravantes, G. M. [Glòria Maria]. (2020). El Pacte Valencià contra la Violència de Gènere i Masclista com a model de participació social en les polítiques públiques. *Revista de Treball Social*, (218), 121-137. https://doi.org/10.32061/RTS2020.218.07

Caravantes, G. M. [Glòria Maria], Gómez, A. [Alejandro], Moral, F. J. [Francisco Javier] i Marques, I. L. [Isis Lorrany]. (2017). Una radiografia sobre la situació de risc de la joventut del barri del Xenillet. *TS Nova: Treball Social i Serveis Socials,* (14), 23–38. https://cotsvalencia.com/wp-content/uploads/2018/05/TSnova_n14.pdf

Col·legi Oficial de Treball Social de Catalunya. (13 de novembre de 2024). *Intervenció de l'Equip d'Emergències del TSCAT a les poblacions valencianes afectades per la Dana.* [Arxiu de Vídeo]. YouTube. https://www.youtube.com/watch?v=lnPBitfzh4w

Devesa, S. [Sara] i Pla, G. [Glòria]. (25-27 d'octubre de 2023). *El maltractament a les persones grans des d'una mirada preventiva i comunitària: Taula comarcal maltractaments a les persones grans* [Comunicació oral]. IX Congreso de la Red Española de Política Social, Universitat de les Illes Balears, Palma de Mallorca, España.

Fombuena, J. [Josefa]. (2022). Diners i persones pobres. *Quaderns d'Educació Contínua*, (47), 32-40. https://turia.uv.es/index.php/QEC/article/view/24536

Garcés, J. [Jorge]. (Ed.). (2024). *Tratado general de trabajo social, servicios sociales y política social* (Vols. 1-3). Tirant humanidades. https://editorial.tirant.com/es/ebook/tratado-general-de-trabajo-social-servicios-sociales-y-politica-social-3-tomos-jorge-garces-ferrer-9788411834711

La Fúmiga. (2019). Mediterrània [Cançó]. *Espremedors*. Halley Records. https://www.viasona.cat/grup/la-fumiga/espremedors/mediterrania

López-Sáez, M. Á. [Miguel Ángel]. (23 d'abril de 2025). *Guía práctica para la inclusión de la perspectiva de diversidad sexual y de género en la investigación*. Universidad Rey Juan Carlos i Ministeri d'Igualtat. https://www.igualdad.gob.es/wp-content/uploads/Guia-Diversidad -Sexual.pdf

Lorenzo, N. [Neus]. (19 de gener de 2024). *Ús pràctic de la Intel·ligència Artificial a l'escola* [Diapositiva de PowerPoint]. Col·legi de Doctors i Llicenciats de Catalunya. SCP-IEC. Jornada de seguiment ComConèixer (KBIP). Barcelona. https://www.academia.edu/113733665/%C3%9As_pr%C3%A0ctic_de_la_Intel_lig%C3%A8n cia_Artificial_a_lescola

Marqués-Marcet, C. [Carlos]. (Director). (2019). *La mort de Guillem* [Pel·lícula]. LASTOR Media S. L.

Mas-Coma, S. [Santiago], Artigas P. [Patricio], Cuervo, P. F. [Pablo F.], De Elías-Escribano, A. [Alejandra], Fantozzi, M. C. [M. Celia], Colangeli, G. [Giulia], Córdoba, Á. [Ángel], Marquez-Guzman, D. J. [Davis J.], Mas-Bargues, C. [Cristina], Borrás, C. [Consuelo], Pérez-Pérez, P. [Patricia], Bethencourt-Estrella, C. J. [Carlos J.], Rodríguez-Expósito, R. L. [Rubén L.], Peña-Prunell, M. D. [Marco D.], Chao-Pellicer, J. [Javier], García-Pérez, O. [Omar], Domínguez de Barros, A. T. [Angélica T.], García-Ramos, A. [Alma], Sirvent-Blanco C. [Candela], … Bargues M. D. [M. Dolores]. (2025). Infectious disease risk after the October 2024 flash flood in Valencia, Spain: Disaster evolution, strategic scenario analysis, and extrapolative baseline for a One Health assessment. *One Health, 21*(article 101093), 1-24. https://doi.org/10.1016/j.onehlt.2025.101093

Ministeri de Drets Socials i Agenda 2030. (2 de novembre de 2021*). Estrategia nacional para la igualdad, inclusión y participación del Pueblo Gitano 2021-2030*. Govern d'Espanya. https://www.dsca.gob.es/es/derechos-sociales/poblacion-gitana/estrategia-nacional/estrategia-igualdad-inclusion-participacion-pueblo-gitano-2021-2030

Midjourney. (2023). *Midjourney* (versió 6) [Transformador de models de llenguatge a imatge]. https://www.midjourney.com/home

Muñoz, M. [Miquel]. (2024). *Barcelona, un parc temàtic* [Fotografia]. Joves Fotògraf(es) de Catalunya XXII. https://www.inspai.cat/Inspai/ca/publicacions-fotografia?variant=joves_fotografs

Navarro, J. J. [José Javier], Oliver, A. [Amparo], Morillo, P. [Pedro], Fernández, M. [Marcos], Galiana, L. [Laura], Carbonell, A. [Ángela] i Llàcer, J. [Jéssica]. (2017). Noves tecnologies, sexisme i mites en l'adolescència. En J. J. [José Javier] Navarro (Coord.), *Infadolescenci@s: Una mirada socioeducativa-tecnocrítica* (p. 91–104). Tirant lo Blanch.

OpenAI. (2024). *Sora* (versió desembre) [Transformador de models de text a imatge o vídeo]. https://sora.chatgpt.com/

OpenAI. (2025). *ChatGPT* (versió del 14 d'abril) [Model de llenguatge extens]. https://chat.openai.com/chat

Paricio, D. [David]. (Director). (18 d'octubre de 2022). Nit de Ronda (Temporada 14, Episodi 25). [Episodi de sèrie de televisió]. *L'Alqueria Blanca.* À Punt Mèdia. https://episodiserietv//exemple

Pedrosa, E. [Elisabet]. (Presentadora). (2024). *L'ofici d'educar* [Pòdcast d'àudio]. Catalunya Ràdio. https://www.3cat.cat/3cat/lofici-deducar/

Perplexity. (2025). *Perplexity* (versió de març) [Model de llenguatge extens]. https://www.perplexity.ai/

Puerto, E. [Estefanía], Ruiz, Q. [Quim] i Frasquet, L. [Lucía] (Presentadores). (13 de maig de 2024). 4x09 L'AMOR | Juanpe Sánchez [Episodi de pòdcast d'àudio]. *Gent Ràndom.* Ràdio Godella. https://episodipodcast.uv/exemple

Revista de Treball Social (@revistarts.bsky.social). (24 d'abril de 2025). *L'editorial del núm. 227 de la Revista de Treball Social (RTS) posa de manifest la contribució del treball social* [Imatge i enllaç] [Post]. Bluesky. https://bsky.app/profile/revistarts.bsky.social/post/3lnl2hkamfc2c

Ruiz-Gil, T. [Tania] y Ródenas-Rigla, F. [Francisco]. (2023). Quality of care in pediatric palliative care: A scoping review. *Children, 10*(12), 1922. https://doi.org/10.3390/children10121922

Sala, E. [Elena]. (17 de maig de 2024). *El sensellarisme des de la perspectiva de gènere i l'abordatge de les violències masclistes.* Generalitat de Catalunya. https://dixit.gencat.cat/ca/detalls/Article/20240517_violencies_masclistes_sensellarisme.html

Sánchez-Flores, S. [Susana]. (2024). *Administració social i serveis socials*. Tirant lo Blanch.

Sánchez, C. [Carlos]. (8 de febrer de 2019). *Normas APA – 7ma (séptima) edición*. Normas APA (7ma

    edición). https://normas-apa.org/

Tàpies, A. [Antoni]. (1995). *Petjades* [Tècnica mixta i collage sobre fusta]. Museu Tàpies de

    Barcelona. https://museutapies.org/es/la-coleccion/obras/?o=840

Torres, A. [Aina] (2019). *Dones rebels: històries contra el silenci*. Sembra Llibres.

Uceda-Maza, F. X. [Francesc Xavier], García, M. [María], Romero, C. [César], Martínez-Martínez, L.

    [Lucía] i Montón, C. [Cristina]. (2015). Inclusió social i intervenció socioeducativa mitjançant

    l'esport: L'experiència de les escoles esportives 613 de Burjassot. *Pedagogia i Treball Social:*

    Revista de Ciències Socials Aplicades, 4(1), 74–96.

    https://raco.cat/index.php/PiTS/article/view/309478

Universidad Carlos III de Madrid-Biblioteca. (7 d'abril de 2025). *Guía temática sobre citas*

    bibliográficas UC3M: APA 7ª edición.

    https://uc3m.libguides.com/guias_tematicas/citas_bibliograficas/APA

Universitat de Girona. (setembre de 2024). *Estil APA*. https://biblioteca.udg.edu/ca/com-citar-

    documents/estil-apa

Universitat de València. (s.d.). *Inici* [Pàgina de Facebook]. Facebook. Consultat el 8 de maig de 2025

    de https://www.facebook.com/share/17gQCACGw8/?mibextid=wwXIfr

Universitat de València. (3 de juny de 2025). *AppUV* (7.21.5) [Aplicació mòbil Android]. Google Play

    Store. https://play.google.com/store/apps/details?id=net.universia.uv&hl=es

Universitat de València. (26 de juny de 2025). *AppUV* (7.21.7) [Aplicació mòbil iOS]. App Store.

    https://apps.apple.com/es/app/universitat-de-val%C3%A8ncia/id1601173273

Valero, D.[David]. (17 de juny de 2025). *Moltes gràcies per la magnífica ressenya d'Enemigos*

    [Comentari en la pàgina web Diari La Veu del País Valencià]. Diari La Veu.

    https://www.diarilaveu.cat/cultura/venjanca-o-perdo-592363/

Apèndix: Parts d'un Treball Acadèmic Seguint Normes APA 7a Edició

Portada (segons les normes APA, la portada difereix entre treballs realitzats per estudiantat i els elaborats per professionals). **Agraïments** (poden anar en la portada com a nota de l'autora o l'autor, en la part inferior de la pàgina). També es poden situar en una nova pàgina, immediatament darrere de la portada. Els agraïments no són obligatoris i es recomanen només per a treballs acadèmics de nivells superiors.

Taula de Continguts. Podeu consultar-la en aquest mateix document per a veure com s'aplica. Segons normes APA, no és un element obligatori.

Si decidiu incloure-la, ha de seguir l'ordre de jerarquia de títols establit per APA, sense incloure numeracions. Com a mínim, heu d'indicar el número de pàgina en el qual comença cada títol de nivell 1 del cos del treball.

Per a facilitar la seua elaboració, podeu adaptar alguna de les plantilles predeterminades que ofereixen els processadors de text, ajustant-la a les normes APA.

Seccions del Cos del Treball. A continuació, us presentem de manera general els principals continguts que haurien d'incloure els vostres treballs acadèmics. Com esteu iniciant-vos en el vostre grau universitari, és normal que les seccions dels treballs es vagen ajustant segons els resultats d'aprenentatge de cada curs.

Resum/Abstract

Heu de valorar si escau incloure un resum del vostre treball; un treball curt no el requereix. Quan considereu que els vostres treballs ja tenen una consistència en l'ús de materials pròpiament acadèmics, serà el moment adequat per a incorporar aquesta presentació breu, tant en valencià com en anglés. Per a això, seguiu les indicacions actualitzades de les normes APA: s'escriu en una pàgina nova; es retola en nivell 1 (jerarquia de títol); la primera línia de paràgraf sense sagnia; tot el resum escrit en un únic paràgraf; i, finalment, paraules clau, que es retola en nivell 2 i s'inicia amb sagnia a 1,27 cm.

Text Principal

Inicieu amb títol de nivell 1, escrivint el títol complet del treball que es presenta (mantingueu el mateix títol que en la portada). En aquesta nova primera pàgina comenceu a desenvolupar la introducció, però no heu de retolar-la com a introducció. S'entén que tot treball presentat seguint normes APA 7a edició comença per la introducció, per la qual cosa no ha d'especificar-se com un nivell pròpiament. Des d'aquest moment, tots els paràgrafs, inclosa la introducció, inicien amb sagnia a 1,27 cm.

Quan continueu amb un altre nivell 1 (per exemple: Antecedents, Objectius, Marc Teòric, etcètera) ja no heu d'iniciar una nova pàgina. Tot el document es desenvolupa de manera seguida, deixant només el doble espai entre l'últim paràgraf i el següent títol del nivell que corresponga.

No obstant això, si la vostra professora no ha donat cap indicació concreta sobre això, convé que li pregunteu. Amb freqüència, el professorat, per motius de claredat expositiva, prefereix que cada secció de nivell 1 comence en una nova pàgina, encara que APA en la seua setena edició no ho arreplega.

Referències

Inicieu amb un títol de nivell 1 escrivint Referències. Recordeu que tots els materials citats al llarg del treball han de comptar amb la seua corresponent entrada en aquesta secció.

Bibliografia

Inicieu amb un títol nivell 1 escrivint Bibliografia. Aquest apartat s'utilitza en treballs acadèmics de nivells superiors, quan ja s'ha manejat, al llarg dels anys, textos que poden no aparéixer en les cites, però han sigut part de la formació especialitzada com a autores del treball. Es poden incloure notes descriptives de materials, si es considera rellevant. Aquesta secció no és obligatòria.

Notes a Peu de Pàgina o Notes al Final

Les notes a peu de pàgina poden estar arreplegades al llarg del text, exactament com el seu propi nom indica.

També podeu enumerar les notes manant-les a una pàgina nova que es col·loca després de la llista de referències i es retola com a Notes al final.

Taules

Com ja us hem explicat en l'apartat corresponent, les taules poden incorporar-se al llarg del text (incrustades). Però també poden col·locar-se al final, en una pàgina nova que anirà després de Notes al final, si n'hi haguera. En qualsevol cas, han d'anar sempre després de la secció Referències o Bibliografia, si aquesta última procedeix.

Recordeu que, en el cos del treball, heu de fer referència a cada taula en el paràgraf corresponent, indicant clarament a quin us esteu referint a cada moment.

Figures

Apliqueu la mateixa lògica que per a les Taules. La secció de Figures ha d'iniciar-se en una nova pàgina i col·locar-se darrere de Taules, si n'hi ha. En cas contrari, procediu com en Taules.

Apèndix o Apèndixs

Ací el teniu. Com veieu és l'última secció del vostre treball. S'utilitza per a annexar informació complementària que siga relativament breu i que puga presentar-se en format imprés. Si teniu diversos apèndixs, els podeu nomenar per lletres en ordre alfabètic: Apèndix A, Apèndix B, etcètera.

PART II

Pràctiques i Exemples de Normes APA

Pràctica 1: Correcció d'Errors APA en un Text

Instruccions

1. Dividiu-vos en grups i treballeu el text adjunt, titulat "Projecte Xarxa en Salut".

2. Identifiqueu els errors de format i citació que conté el document. Modifiqueu-lo i assenyaleu les correccions en color roig.

1. PROJECTE XARXA EN SALUT

1.1. Contextualització

L'accés de la població indígena als serveis sanitaris és insuficient, una realitat que Eroza-Solana i Carrasco-Gómez atribueixen a diversos factors de caràcter estructural (2020). En aquest sentit, es destaca l'aïllament geogràfic, l'escassetat de recursos materials i econòmics, la falta d'infraestructura i mitjans de transport, les condicions climàtiques adverses i els conflictes i inseguretat. A més, els autors subratllen les barreres burocràtiques inherents a un sistema sanitari fragmentat com el mexicà, on cada institució defineix a qui atén en funció de l'organisme al qual estiga afiliada la persona malalta (Eroza et al., 2020).

Tots els motius assenyalats, sumat a les diferències culturals existents sobre el significat de la salut i la malaltia, i de la pròpia concepció del cos, reforcen la preferència de la medicina tradicional indígena sobre la medicina convencional (Eroza i Carrasco, 2020).

El dret a la salut en les comunitats indígenes es veu sistemàticament vulnerat des de les pròpies institucions, la qual cosa implica una profunda desigualtat en comparació amb la resta de la població no indígena. Tot això ha produït l'associació del propi poble, arribant a crear una Xarxa pròpia de Promotors de Salut i Llevadores, qui actualment són "les figures principals encarregades de l'atenció a la salut en la zona" (Meneses-Navarro et al, 2020, p. 11). Aquesta organització ha aconseguit la generació de canals de comunicació per a la provisió de medicaments, vacunes, etc. des d'una posició horitzontal, deixant enrere la subordinació, i convertint-se així en els subjectes actius i demandants de drets. No obstant això, els recursos i l'atenció en l'àmbit de la salut en aquest territori continuen sent insuficients (Aguilar-Estrada, A. E., Caamal-Cahuich, I., i Ortiz-Rosales, M. Á., 2018).

Imatge 1. Dones en lluita

Font: Pixabay (s.d.).

Tota aquesta situació ha empitjorat amb la pandèmia de la COVID-19. La població indígena ha desenvolupat sentiments de desconfiança i por cap al personal sanitari, al contagi del virus i a la vacuna, tenint com a conseqüència el blindatge de les comunitats. A més, les restriccions al moviment i altres mesures per a la contenció del virus han dificultat encara més l'accés als serveis de salut (CONEVAL, 2021).

Tenint en compte tot l'anterior, i partint des del respecte a l'autonomia i preferències de les persones indígenes sobre com desitgen rebre l'atenció sanitària, es proposa un projecte en col·laboració amb les associacions locals per a la promoció de la salut de la població indígena de la zona. Per a això, es buscarà la millora de la comunicació entre la població indígena i les institucions sanitàries estatals, d'una banda, i per una altra es dotarà d'eines i instruments als agents de salut de les pròpies comunitats amb la finalitat d'eliminar les barreres existents en l'atenció a la salut d'aquest grup poblacional, posant l'accent principalment en la perspectiva de gènere (Armando Haro, 2020).

1.2. Llevadores i remeieres tradicionals com a agents comunitaris de salut

Es parteix des del coneixement de l'existència de figures de referència en l'àmbit de la salut en les pròpies comunitats indígenes. Les llevadores i remeieres tradicionals realitzen tasques d'acompanyament, prevenció i curació de malalties, i els seus coneixements i mètodes són valorats pel propi poble (Haro, A. J., 2020). En paraules d'Eroza (p.9):

"La millor manera de promoure la salut en aquestes comunitats és mitjançant l'intercanvi de coneixements amb aquestes figures de referència, capacitant-los d'eines i instruments per a una millor atenció a la salut. Es complementarien així, mètodes tradicionals amb instruments i medicaments convencionals (Eroza, Carrasco, 2020)."

Aquesta proposta busca l'apoderament de la dona, posant en valor el paper de les llevadores com a líders comunitàries i referents per a altres dones indígenes, i com a personal qualificat per a atendre la salut de les seues poblacions (demostrant les seues capacitats cap a l'exterior de la comunitat). També permetrà que les dones indígenes que ho requereixen (no necessàriament embarassades o durant el puerperi), siguen tractades per altres dones. Així mateix, s'aprofita el potencial dels i les agents de salut en els quals la comunitat confia i es busca aconseguir un tracte digne de les persones indígenes tenint en compte la seua cosmovisió.

2. Referències bibliogràfiques

Aguilar-Estrada, A. E., Caamal-Cahuich, I., i Ortiz-Rosales, M. Á. (2018). Pobreza multidimensional en Chiapas: generalizada pero heterogénea. *LiminaR, 16*(2), 105-117. https://www.scielo.org.mx/pdf/liminar/v16n2/2007-8900-liminar-16-02-105.pdf

Haro, J. A. (19 de maig de 2020). Los pueblos indígenas de México ante la pandemia Covid-19. *Pensar la pandemia. Observatorio social del coronavirus.* CLACSO. https://www.clacso.org/los-pueblos-indigenas-de-mexico-ante-la-pandemia-covid-19/

Consejo Nacional de Evaluacion de la Politica de Desarrollo Social. (5 d'agost de 2021). Estimaciones de pobreza multidimensional 2018 y 2020. https://www.coneval.org.mx/SalaPrensa/Comunicadosprensa/Documents/2021/COMUNICADO_009_MEDICION_POBREZA_2020.pdf

Eroza-Solana, E., i Carrasco-Gómez, M. (2020). La interculturalidad y la salud: reflexiones desde la experiencia. *LiminaR, 18*(1), 112-128. http://dx.doi.org/10.29043/liminar.v18i1.725

Meneses-Navarro, S., Pelcastre-Villafuerte, B. E., Bautista-Ruiz, Ó. A., Toledo-Cruz, R. J., de la Rosa-Cruz, S. A., Alcalde-Rabanal, J., i de los Ángeles, J. (2021). Innovación pedagógica para mejorar la calidad del trato en la atención de la salud de mujeres indígenas. *Salud Pública de México, 63*(1), 51-59. https://doi.org/10.21149/11362

✗ PROJECTE XARXA EN SALUT

✗1. Contextualització

L'accés de la població indígena als serveis sanitaris és insuficient, una realitat que Eroza-Solana i Carrasco-Gómez atribueixen a diversos factors de caràcter estructural (20✗✗). En aquest sentit, es destaca l'aïllament geogràfic, l'escassetat de recursos materials i econòmics, la falta d'infraestructura i mitjans de transport, les condicions climàtiques adverses i els conflictes i inseguretat. A més, els autors subratllen les barreres burocràtiques inherents a un sistema sanitari fragmentat com el mexicà, on cada institució defineix a qui atén en funció de l'organisme al qual estiga afiliada la persona malalta (Eroza et al., 2020)

Tots els motius assenyalats, sumat a les diferències culturals existents sobre el significat de la salut i la malaltia, i de la pròpia concepció del cos, reforcen la preferència de la medicina tradicional indígena sobre la medicina convencional (Eroza i Carrasco, 2020).

El dret a la salut en les comunitats indígenes es veu sistemàticament vulnerat des de les pròpies institucions, la qual cosa implica una profunda desigualtat en comparació amb la resta de la població no indígena. Tot això ha produït l'associació del propi poble, arribant a crear una Xarxa pròpia de Promotors de Salut i Llevadores, qui actualment són "les figures principals encarregades de l'atenció a la salut en la zona" (Meneses-Navarro et al, 2020, p✗1). Aquesta organització ha aconseguit la generació de canals de comunicació per a la provisió de medicaments, vacunes, etc. des d'una posició horitzontal, deixant enrere la subordinació, i convertint-se així en els subjectes actius i demandants de drets. No obstant això, els recursos i l'atenció en l'àmbit de la salut en aquest territori continuen sent insuficients (Aguilar-Estrada, A. E., Caamal-Cahuich, I., i Ortiz-Rosales, M. Á., 2018).

Imatge 1. Dones en lluita

Font: Pixabay (s.d.).

Tota aquesta situació ha empitjorat amb la pandèmia de la COVID-19. La població indígena ha desenvolupat sentiments de desconfiança i por cap al personal sanitari, al contagi del virus i a la vacuna, tenint com a conseqüència el blindatge de les comunitats. A més, les restriccions al moviment i altres mesures per a la contenció del virus han dificultat encara més l'accés als serveis de salut (CONEVAL, 2021).

Tenint en compte tot l'anterior, i partint des del respecte a l'autonomia i preferències de les persones indígenes sobre com desitgen rebre l'atenció sanitària, es proposa un projecte en col·laboració amb les associacions locals per a la promoció de la salut de la població indígena de la zona. Per a això, es buscarà la millora de la comunicació entre la població indígena i les institucions sanitàries estatals, d'una banda, i per una altra es dotarà d'eines i instruments als agents de salut de les pròpies comunitats amb la finalitat d'eliminar les barreres existents en l'atenció a la salut d'aquest grup poblacional, posant l'accent principalment en la perspectiva de gènere (Armando Haro, 2020).

2. Llevadores i remeieres tradicionals com a agents comunitaris de salut

Es parteix des del coneixement de l'existència de figures de referència en l'àmbit de la salut en les pròpies comunitats indígenes. Les llevadores i remeieres tradicionals realitzen tasques d'acompanyament, prevenció i curació de malalties, i els seus coneixements i mètodes són valorats pel propi poble (Haro, A. J., 2020). En paraules d'Eroza (p.9):

La millor manera de promoure la salut en aquestes comunitats és mitjançant l'intercanvi de coneixements amb aquestes figures de referència, capacitant-los d'eines i instruments per a una millor atenció a la salut. Es complementarien així, mètodes tradicionals amb instruments i medicaments convencionals (Eroza, Carrasco, 2020)

Aquesta proposta busca l'apoderament de la dona, posant en valor el paper de les llevadores com a líders comunitàries i referents per a altres dones indígenes, i com a personal qualificat per a atendre la salut de les seues poblacions (demostrant les seues capacitats cap a l'exterior de la comunitat). També permetrà que les dones indígenes que ho requereixen (no necessàriament embarassades o durant el puerperi), siguen tractades per altres dones. Així mateix, s'aprofita el potencial dels i les agents de salut en els quals la comunitat confia i es busca aconseguir un tracte digne de les persones indígenes tenint en compte la seua cosmovisió.

Referències bibliogràfiques

Aguilar-Estrada, A. E., Caamal-Cahuich, X., i Ortiz-Rosales, M. Á. (2018). Pobreza multidimensional en Chiapas: generalizada pero heterogénea. *LiminaR*, *16*(2), 105-117. https://www.scielo.org.mx/pdf/liminar/v16n2/2007-8900-liminar-16-02-105.pdf

Haro, J. A. (19 de maig de 2020). Los pueblos indígenas de México ante la pandemia Covid-19. *Pensar la pandemia. Observatorio social del coronavirus*. CLACSO. https://www.clacso.org/los-pueblos-indigenas-de-mexico-ante-la-pandemia-covid-19/

Consejo Nacional de Evaluacion de la Politica de Desarrollo Social. (5 d'agost de 2021). Estimaciones de pobreza multidimensional 2018 y 2020. https://www.coneval.org.mx/SalaPrensa/Comunicadosprensa/Documents/2021/COMUNICADO_009_MEDICION_POBREZA_2020.pdf

Eroza-Solana, E., i Carrasco-Gómez, M. (2020). La interculturalidad y la salud: reflexiones desde la experiencia. *LiminaR, 18*(1), 112-128. http://dx.doi.org/10.29043/liminar.v18i1.725

Meneses-Navarro, S., Pelcastre-Villafuerte, B. E., Bautista-Ruiz, Ó. A., Toledo-Cruz, R. J., de la Rosa-Cruz, S. A., Alcalde-Rabanal, X., i de los Ángeles, J. (2021). Innovación pedagógica para mejorar la calidad del trato en la atención de la salud de mujeres indígenas. *Salud Pública de México, 63*(1), 51-59. https://doi.org/10.21149/11362

Solució

En aquesta pràctica heu pogut observar molts dels errors que fàcilment podem cometre i que solen passar-nos desapercebuts. Per exemple, l'ús de nivells en la jerarquia de títols (format), l'ús de les citacions i de les referències.

En les referències no només és important anotar tots els elements necessaris, sinó també comprovar que la citació és correcta en totes les parts (autoria i número de pàgina, quan correspongui). I, per descomptat, la llista de referències sempre ha d'estar ordenada alfabèticament.

Vosaltres haureu anotat en roig altres qüestions de format que, ara també, us introduïm en la versió corregida de la pràctica: interlineat doble en tot el document, sense espais addicionals; tot el text alineat només a l'esquerra; sagnia d'1,27 cm a l'inici de la primera línia de cada paràgraf; la sagnia francesa en la llista de referències; i els ajustos de mida de lletra, títol i font en la imatge.

A continuació, trobareu el text completament corregit per tal que pugueu identificar amb claredat la correcció de tots els errors assenyalats anteriorment.

Projecte Xarxa en Salut

Contextualització

L'accés de la població indígena als serveis sanitaris és insuficient, una realitat que Eroza-Solana i Carrasco-Gómez (2020) atribueixen a diversos factors de caràcter estructural. En aquests sentit, es destaca l'aïllament geogràfic, l'escassetat de recursos materials i econòmics, la falta d'infraestructura i mitjans de transport, les condicions climàtiques adverses i els conflictes i inseguretat. A més, els autors subratllen les barreres burocràtiques inherents a un sistema sanitari fragmentat com el mexicà, on cada institució defineix a qui atén en funció de l'organisme al qual estiga afiliada la persona malalta (Eroza-Solana i Carrasco-Gómez, 2020).

Tots els motius assenyalats, sumat a les diferències culturals existents sobre el significat de la salut i la malaltia, i de la pròpia concepció del cos, reforcen la preferència de la medicina tradicional indígena sobre la medicina convencional (Eroza-Solana i Carrasco-Gómez, 2020).

El dret a la salut en les comunitats indígenes es veu sistemàticament vulnerat des de les pròpies institucions, la qual cosa implica una profunda desigualtat en comparació amb la resta de la població no indígena. Tot això ha produït l'associació del propi poble, arribant a crear una Xarxa pròpia de Promotors de Salut i Llevadores, qui actualment són "les figures principals encarregades de l'atenció a la salut en la zona" (Meneses-Navarro et al., 2020, p.56). Esta organització ha aconseguit la generació de canals de comunicació per a la provisió de medicaments, vacunes, etc. des d'una posició horitzontal, deixant enrere la subordinació, i convertint-se així en els subjectes actius i demandants de drets. No obstant això, els recursos i l'atenció en l'àmbit de la salut en aquests territori continuen sent insuficients (Aguilar-Estrada et al., 2018).

Imatge 1.

Dones en lluita

Font: Pixabay (s.d.).

Tota aquesta situació ha empitjorat amb la pandèmia de la COVID-19. La població indígena ha desenvolupat sentiments de desconfiança i por cap al personal sanitari, al contagi del virus i a la vacuna, tenint com a conseqüència el blindatge de les comunitats. A més, les restriccions al moviment i altres mesures per a la contenció del virus han dificultat encara més l'accés als serveis de salut (Consejo Nacional de Evaluación de la Política de Desarrollo Social [CONEVAL], 2021).[11]

Tenint en compte tot l'anterior, i partint des del respecte a l'autonomia i preferències de les persones indígenes sobre com desitgen rebre l'atenció sanitària, es proposa un projecte en col·laboració amb les associacions locals per a la promoció de la salut de la població indígena de la zona. Per a això, es buscarà la millora de la comunicació entre la població indígena i les institucions sanitàries estatals, d'una banda, i per una altra es dotarà d'eines i instruments als agents de salut de les pròpies comunitats amb la finalitat d'eliminar les barreres existents en l'atenció a la salut d'aquest grup poblacional, posant l'accent principalment en la perspectiva de gènere (Haro, 2020).

---

[11] Perdoneu la llicència, però l'ús de l'abreviatura, en aquest cas, és només a manera d'exemplificació perquè pugueu entendre com utilitzar-la. De manera estricta, APA 7a edició ens indica que només es poden utilitzar abreviatures quan l'organisme apareix almenys tres vegades en el text.

Llevadores i Remeieres Tradicionals com a Agents Comunitaris de Salut

Es parteix des del coneixement de l'existència de figures de referència en l'àmbit de la salut en les pròpies comunitats indígenes. Les llevadores i remeieres tradicionals realitzen tasques d'acompanyament, prevenció i curació de malalties, i els seus coneixements i mètodes són valorats pel propi poble (Haro, 2020). En paraules d'**Eroza-Solana i Carrasco-Gómez** (2020):

La millor manera de promoure la salut en aquestes comunitats és mitjançant l'intercanvi de coneixements amb aquestes figures de referència, capacitant-los d'eines i instruments per a una millor atenció a la salut. Es complementarien així, mètodes tradicionals amb instruments i medicaments convencionals. (p. 9)

Aquesta proposta busca l'apoderament de la dona, posant en valor el paper de les llevadores com a líders comunitàries i referents per a altres dones indígenes, i com a personal qualificat per a atendre la salut de les seves poblacions (demostrant les seves capacitats cap a l'exterior de la comunitat). També permetrà que les dones indígenes que ho requereixen (no necessàriament embarassades o durant el puerperi), siguen tractades per altres dones. Així mateix, s'aprofita el potencial dels i les agents de salut en els quals la comunitat confia i es busca aconseguir un tracte digne de les persones indígenes tenint en compte la seva cosmovisió.

Referències

Aguilar-Estrada, A. E., Caamal-Cahuich, I. i Ortiz-Rosales, M. Á. (2018). Pobreza multidimensional en

Chiapas: generalizada pero heterogénea. *LiminaR*, *16*(2), 105-117.

https://www.scielo.org.mx/pdf/liminar/v16n2/2007-8900-liminar-16-02-105.pdf

Consejo Nacional de Evaluación de la Política de Desarrollo Social. (5 d'agost de 2021). *Estimaciones*

de pobreza multidimensional 2018 y 2020.

https://www.coneval.org.mx/SalaPrensa/Comunicadosprensa/Documents/2021/COMUNICA

DO_009_MEDICION_POBREZA_2020.pdf

Eroza-Solana, E. i Carrasco-Gómez, M. (2020). La interculturalidad y la salud: reflexiones desde la

experiencia. *LiminaR*, *18*(1), 112-128. http://dx.doi.org/10.29043/liminar.v18i1.725

Haro, J. A. (19 de maig de 2020). Los pueblos indígenas de México ante la pandemia Covid-19.

Pensar la pandemia. Observatorio social del coronavirus.CLACSO.

https://www.clacso.org/los-pueblos-indigenas-de-mexico-ante-la-pandemia-covid-19/

Meneses-Navarro, S., Pelcastre-Villafuerte, B. E., Bautista-Ruiz, Ó. A., Toledo-Cruz, R. J., de la Rosa-

Cruz, S. A., Alcalde-Rabanal, J. i de los Ángeles, J. (2021). Innovación pedagógica para

mejorar la calidad del trato en la atención de la salud de mujeres indígenas. *Salud Pública de*

México, *63*(1), 51-59. https://doi.org/10.21149/11362

Pràctica 2: Elaboració d'una Pàgina de Referències en Format APA

Instruccions

1. Identifiqueu el tipus de cada referència (llibre, capítol de llibre, article científic o pàgina web).

2. Apliqueu les normes APA (7a edició) per a elaborar la pàgina de referències amb el format adequat. Totes les referències proporcionades contenen la informació necessària per a la seua correcta citació.

3. Ordeneu les referències alfabèticament pel cognom de la primera autora o autor.

- En 2022, Joan Olmos va escriure *Treball social i sostenibilitat ambiental*, publicat per la Universitat de València.

- Pilar Blasco López i Carles Pérez Ferrer són els autors d'"Educació intercultural i treball social", en les pàgines 33–45 del llibre *Treball social, educació i multiculturalitat*, publicat per Publicacions de la Universitat d'Alacant en 2019 i coordinat per Anna Sánchez Vives.

- En el volum 15, número 2 de la revista *Quaderns de Treball Social*, publicat en 2020, es troba l'article de Maria Ferrer i Lluís González titulat "L'impacte del voluntariat en les polítiques socials valencianes". Aquest article comprèn les pàgines 113 a 129.

- El 4 de novembre de 2024 es va publicar en el diari digital elDiario.es un article signat per Emma Sopeña, titulat "*València: les vivendes s'ofeguen*", disponible en la URL: https://t.me/eldiariocv/5432

- L'editorial Bromera va publicar en 2018 el llibre *Polítiques socials en temps de crisi*, escrit per Josep Alapont i coordinat per Marta Segura. En aquest document, en les pàgines 55–68, Marta Gómez Ferrer va escriure el capítol titulat "*El futur del treball social: reptes i oportunitats*".

Solució

Referències

Blasco, P. i Pérez, C. (2019). *Educació intercultural i treball social*. En A. Sánchez (Coord.), *Treball social, educació i multiculturalitat* (p. 33–45). Publicacions de la Universitat d'Alacant.

Ferrer, M. i González, L. (2020). L'impacte del voluntariat en les polítiques socials valencianes. *Quaderns de Treball Social, 15*(2), 113–129.

Gómez, M. (2018). El futur del treball social: reptes i oportunitats. En M. Segura (Coord.), *Polítiques socials en temps de crisi* (p. 55–68). Bromera.

Olmos, J. (2022). *Treball social i sostenibilitat ambiental*. Universitat de València.

Sopeña, E. (4 de novembre de 2024). València: les vivendes s'ofeguen. *elDiario.es*. https://t.me/eldiariocv/5432